Ingeburg Maria Schmitz

Amadeii

Die Welt in der Erneuerung

Durchsagen, Übungen und Meditationen

Smaragd Verlag

Bitte fordern Sie unser kostenloses Verlagsverzeichnis an:

Smaragd Verlag e.K.
Neuwieder Straße 2
D-56269 Dierdorf
Tel.: 02689-92259-10
Fax: 02689-92259-20
E-Mail: info@smaragd-verlag.de
www.smaragd-verlag.de

Oder besuchen Sie uns im Internet unter der obigen Adresse und melden Sie sich für unseren Newsletter an.

© Smaragd Verlag, 56269 Dierdorf
Erste Auflage: Januar 2017
© Cover: Claudia Maria Karnatjan
www.claudia-maria-lebenskunst.de.
Umschlaggestaltung: preData
Satz: preData
Printed in Czech Republic
ISBN 978-3-95531-150-6

Inhalt

Vorwort

Ihr Menschenkinder der Neuen Zeit,

ich grüße euch voller Ehrfurcht und erkenne euer Wirken in dieser kritischen Zeit bei euch auf der Erde. Diese kritische Zeit, die einerseits euren Lichtkörper in die Veränderung und in das Strahlen bringen kann, die aber auch die Schatten, die euch andererseits immer wieder von eurem eigentlichen Weg abdrängen wollen, verstärkt in ihr Wirken bringt. Doch die Zeit der Veränderung naht immer deutlicher und ist auch für euch schon zu erahnen und zu erkennen.

Seht bewusst die Veränderungen, die sich für euch manifestieren. Erkennt auch in eurer Umgebung, auf eurer Erde und vor allem in eurem Universum die Verdrängung der Nebel, die euch bis heute ein Leben im Ungewissen beschert haben. Erkennt, dass sich die Geistige Welt immer mehr für euch lüftet, damit ihr erkennen dürft, was sich bis jetzt vor euch verborgen gehalten hat.

Nicht nur ihr Lichtwesen und eure Erde befinden sich in der Veränderung, sondern auch euer Universum. Der Schleier wird sich immer mehr für euch lichten, bis ihr das wirkliche Universum erkennen könnt und auch die Wesenheiten, die sich in diesen Bereichen aufhalten.

Bis jetzt war es nur ein Erahnen einiger weniger auf eurer Erde, doch selbst vereinzelte Wissenschaftler kommen so langsam in Zweifel, ob ihre Thesen sich noch in der Wahrheit befinden. Sichtungen und Veränderungen in eurem Universum regen auch diese Menschen langsam an, nachzudenken und sich für Daseinsformen zu öffnen, die nach eurem menschlichen Ermessen eigentlich nicht sein können.

Euer Universum beginnt für euch zu strahlen. Es beginnt, euch die wirklichen Planetenformen und Zusammensetzungen in ihrem Wirken sichtbar zu machen. Deutlich werden euch Daseinsformen in eurem Universum, die ihr bis heute für nicht möglich gehalten habt, zum Erkennen geöffnet.

Ihr erlebt derzeit ein Sich-Öffnen und Präsentieren eures wirklichen Universums, das für die Neue Zeit und eure persönliche Weiterentwicklung notwendig ist.

Eure Erde hat sich schon sehr weit gewandelt und verändert. Der Erdkern ist in seiner Rotation so verlangsamt, dass der Polsprung kurz bevorsteht und danach eine neue Etappe der Erde in ihrem Wirken beginnen kann. Alle Zeichen stehen auf Veränderung. Seht aufmerksam hin, hört aufmerksam zu und erkennt vor allem, wie wichtig es ist, dass ihr selbst in den Lichtkörperprozess der Veränderung und Entwicklung hineinkommt, um so euren irdischen zu einem universellen Lichtkörper umwandeln zu können.

Alle Zeichen stehen auf Veränderung. Lasst euch in diesen heftigen Zeiten bitte nicht von den Schatten, die das alles verhindern wollen, blenden und beeinflussen. Ihr Wirken ist derzeit sehr heftig, um noch eine Wende in das Geschehen der Erde und bei euch zu bringen – weg vom Licht des Einen.

Seid in der Liebe und in eurem Licht, dann habt ihr allen Grund, zuversichtlich zu sein und voller Freude auf die Neue Zeit hinzuschauen.

In den nachfolgenden Durchsagen, Übungen und Meditationen erhaltet ihr ein energetisches Handwerkszeug, das euch den Prozess hin zu einem strahlenden Lichtkörper in der Neuen Zeit erleichtert und ermöglicht. Geht diesen Weg. Er lohnt sich für euch, euren Körper, euren Geist und vor allem für eure Seele.

Ihr schafft es. Wir stehen neben euch und begleiten eure einzelnen Schritte in Liebe.

Wir lieben und ehren euch dafür. Findet euer Strahlen und verändert euren Lichtkörper hin in die Feinstofflichkeit, und der Zeitpunkt, an dem ihr uns umarmen könnt, naht.

Frieden und Strahlen zu euch.

Halleluja, Amadeii

Die zehn Nuancen der höchsten fünften Dimensionsschichten und der göttliche Aspekt darin

Jede neue Dimension ist aufgeteilt in unterschiedliche energetische Schichten. Für jeden neuen Aufstieg stehen die Überwindung der zehn Schichten der Dimensionen und die Entwicklung im Durchleben und Durchwandern dieser Schichten im Vordergrund. Und auch das Leben in der Siebten Dimension benötigt diese erfüllten Voraussetzungen in der Fünften Dimension, die eure Zellen dort durchleben und durchwandern, um in ihren Energien lebbar zu sein und zu dürfen.

Jede einzelne, von euch erlebte und veränderte Nuance in der Fünften Dimension ermöglicht euch eine Anbindung an die Energien der Siebten Dimension, und so sind sie in eurem Körper, in eurem Geist und in eurer Seele zu erfahren und zu entwickeln. Nicht alle zehn Nuancen auf einmal und nicht hintereinander, sondern jede für sich, so, wie das Daseinswesen in seiner Entwicklung gerade fähig ist, einen Schritt zu gehen und sich zu entwickeln.

Anmerkung von Ingeburg Maria:

Die Umsetzung von einigen der aufgeführten zehn Nuancen wird in den nachfolgenden Kapiteln deutlicher gemacht und in Form von Übungen und Meditationen erarbeitet beziehungsweise geöffnet.

1. Neuausrichtung der DNA – Vom Körper zum Geist- und Nervensystem

Die erste Nuance beinhaltet eure DNA, die sich für die Veränderung, die ihr nun angehen möchtet, neu auszurichten und zu aktivieren hat. Eure derzeitige DNA ist auf euren Körper ausgerichtet und rotiert in ihrer Drehung und in der Energieerzeugung hin zum Schöpfer. Wichtig wird in der Ausrichtung sein, dass sich eure DNA in Ruhe begibt und ihre Funktion – in eurem Geist und in eurem zentralen Nervensystem gebündelt – entwickelt und gesteuert wird. Nicht alle körperlichen Bereiche, sondern der Geist ist der zukünftige Sitz in der kompletten Verantwortung und in dem Wirkungsbereich eurer Genetik. Es wird ein Prozess stattfinden, in dem ihr lernt, diese Funktionen in euren Geist zu produzieren, sodass alle Funktionen von Sein und Entwicklung von eurem Geist aus steuerbar sind. Ihr selbst mit eurem Geist – und nicht mehr eure DNA in euren Zellen – entscheidet über euer genetisches Potenzial.

Das ist der erste göttliche Aspekt, der deutlich macht, dass das Individuum die Grobstofflichkeit verabschiedet und sich in den göttlichen Seins-Bereich hineinbegeben darf. Alles geschieht von nun an durch den göttlichen Willen und nicht durch grobstofflichen Zwang.

Diese erste Nuance wird in Meditationsschritten zu üben sein. Ihr werdet hierzu die Anleitung noch erhalten.

2. Steuerung eures Geistes – Sein und Auflösung

Der höchste Entwicklungsprozess für den Aufstieg beinhaltet das bewusste realisierte Darstellen eurer grobstofflichen Dinge und Wünsche, die allein von eurem Geist zu steuern und zu verwirklichen sind.

Ihr werdet in dieser Phase lernen, mit Hilfe eures Geistes alles zu erschaffen, was für euch in eurer derzeitigen Daseinsform wichtig und notwendig ist, ohne eurer Umgebung und allen anderen Daseinsformen zu schaden.

Die Entwicklung eures Geistes steht wiederum im Vordergrund und wird in unterschiedlichen Übungseinheiten, die wir euch noch erklären werden, erfahren und geübt, bis hin zur Entwicklungsstufe der siebten Ebene, die ihr anzustreben gedenkt. So wird es sich entwickeln, und immer wieder wird sich ein Rückschritt in eurem Wirken ergeben, um so auf einer rückstufigen Ebene das geistige Entfalten neu üben zu dürfen.

Verzweifelt nicht, wenn euch die reine Benutzung eures Geistes vor viele Hürden stellt. Es ist alles zu erlernen, und je energetisch höher ihr seid, umso leichter wird euch die Benutzung eures Geistes fallen, bis ihr alles um und in euch selbst steuern könnt.

Dieser göttliche Aspekt lehrt euch, die Welt und die Umgebung so zu erschaffen, wie sie für eine Aufgabe notwendig ist. Fiktion für eine gewisse Zeit, um daraus zu lernen und danach aufzulösen, so, als wäre es nicht gewesen. Sein und Auflösung sind der göttliche Aspekt, der sich hier deutlich zeigt. Alles ist Beginn und Ende und wiederum Beginn und Ende. Immer wieder in einem neuen Rhythmus, und immer wieder mit neuen Lernaspekten.

Ihr erschafft somit euer inneres Universum selbst und lebt und erfahrt darin.

3. Inneres Strahlen – Heilung durch Gottes Gnade

Ihr seid Wesen des Einen, und somit seid ihr erhellt und beseelt. Diese Voraussetzung ist in ihrer Gültigkeit ein wesentliches Merkmal für die dritte Nuance der höchsten Dimensionsschichten. Hier habt ihr zu erfahren und umzusetzen, was Helligkeit für euch bedeutet und welche Auswirkungen das Strahlen von innen erzielt, mit dem ihr alles verändern könnt. Strahlen von innen bedeutet, das Licht des Einen zu leben und es so für die anderen sichtbar zu machen – nicht nur über eure Augen, sondern auch über eure Aura. So ist es eure Aufgabe, dieses Strahlen zu üben und auf eure Umgebung auszustrahlen, damit ihr euren Lichtkörper in die Veränderung bringen könnt. Alles wird sich dann nur noch auf dieses Strahlen ausrichten, das in seiner Wirkung eine Leichtigkeit und Liebe entwickelt, die Heilung und Veränderung bedeuten.

Somit ist die dritte Nuance der höchsten Dimensionsschichten der Einstieg in die allgemeine Heilung von Körper, Geist und Seele, die in ihrer Einfachheit so leicht auszuüben ist. Wenn das Strahlen konzentriert wirkt, könnt ihr alles anvisieren, mit diesem Strahlen treffen und punktgenaue Heilung erzielen. Auch das werden wir noch mit euch erarbeiten, doch das gedankliche Festsetzen des Strahlens ist hier nun manifestiert.

Heilung ist Gottes Gnade und wird euch durch das Bewusstwerden eures göttlichen Strahlens wieder deutlich gemacht. Ihr seid göttlich, und so ist es euch auch erlaubt, zu heilen, was immer ihr heilen möchtet, wenn die Erlaubnis dazu von der Wesenheit gewährt oder erbeten wurde.

4. Die Seele – Der göttliche Aspekt in euch

Hierunter sind allein eure Seele und euer gemeinsames Wirken zu verstehen. Die Seele ist der irdisch gewordene Aspekt des Einen, der in eurer jetzigen Daseinsform in euch wirkt. Ihr habt somit immer einen aktuellen göttlichen Aspekt in euch, den ihr nur zu aktivieren und zu benutzen braucht. Seele bedeutet liebevolles Annehmen und liebevolles Verhalten zu allem, was ist und wird.

Mit diesem Wissen werdet ihr aufgerufen, auf eure Seele zu hören und nur sie allein in Situationen, die für euer Dasein und euer Wirken wichtig sind, wirken zu lassen. Die Seele ist der Diamant in eurem Körper, den ihr zum Strahlen bringen dürft. Eure Seele weiß, was gut für euch ist. Das habe ich euch schon in vielen Bereichen gesagt, doch nun ist der Zeitpunkt gekommen, an dem ihr lernen möchtet, nur in Harmonie mit eurer Seele zu leben. Ihr seid beseelt, doch in der Seelenharmonie zu leben ist euch noch nie leichtgefallen. Vertraut und übt diesen Prozess, und ihr werdet erkennen, was Seelenfügung für euch bedeuten kann. In der Siebten Dimension seid ihr nur geführt durch eure Seele und das göttliche Licht, der göttliche Aspekt eures Seins.

5. Innerer Friede – Rückkehr zu eurem Ursprung

Hier wird allein der Frieden, den ihr in Zukunft zu leben habt, in euch zu suchen und zu finden sein. Innerer Frieden ist der wichtigste Prozess, der von innen nach außen gerichtet wird und den ihr leben könnt, um eine große Veränderung bei euch und auf der ganzen Erde zu gewährleisten.

Innerer Frieden ist ein Prozess in euch, der in der Gemeinschaft eures Geistes und eurer Seele, aber auch von eurem Ego und Wollen beeinflusst werden kann. Lernt in Zukunft, euch so zu erkennen und zu erleben, wie ihr in eurem Gleichgewicht sein könnt. Erfahrt euch ohne die Einflüsse von außen. Erlebt euch nur durch euer innerstes Sein und erkennt die Wertigkeit, die hier für euch deutlich wird.

Seht, dass ihr im Innersten friedlich und liebevoll seid. Allein durch Erziehung und äußere Einflüsse verändert ihr euch und lebt diesen Frieden nicht mehr in Harmonie mit eurer Seele und eurem Geist, sondern lasst euer Ego und euren Willen wachsen. Jetzt heißt es: Rückentwicklung. Zurück zu eurem Ursprung, damit ihr wieder in eurem alten Frieden ankommt und diesen leben könnt.

Hier sind natürlich auch Auswirkungen und Verletzungen von erlebten Ursachen und das Loslassen für eure Entwicklung in die Veränderung wichtig. Das bedeutet für euch: Findet Frieden mit eurer Umgebung, findet Frieden mit eurer Familie, findet Frieden mit eurer Gesellschaft und, vor allem, findet Frieden mit euch und eurem Handeln. Geht hin und nehmt euch so an, wie ihr seid. Erkennt euch von eurem Ursprung her und lebt und liebt euch so, wie ihr seid, ohne Wertung und innere Reibung. Erkennt euren inneren Wert in Frieden und lasst es so geschehen. Findet den Frieden und die Ruhe. Ruhe. Ruhe.

6. Neuausrichtung eurer Aura – Der Aufstieg wird möglich

Wenn ihr den inneren Frieden in euch erreicht habt, wird ein Prozess bei euch aktiviert, der euer ganzes körperliches Sein verändert. Jetzt werden eure Aura-Schichten zusammenfließen und eine Einheit des Einen bilden können, die das vereinen, was durch die körperlichen Verschmutzungen in einzelnen Zonen geschaffen worden ist, um so ein direktes Durchdringen hin zum Einen zu verhindern.

Im Laufe eurer Existenz sind euch schon mehrere Aura-Schichten bewusst gemacht worden, doch es wurde nicht erwähnt, dass diese Schichten als Schutz für euch künstlich aufgebaut wurden. Mit jedem Prozess hin in die Grobstofflichkeit wurde eine weitere Aura-Schicht notwendig, die den aktuellen Prozess der Veränderung für euch speichern und abmildern konnte.

Diese Zeit der grobstofflichen Entwicklung ist nun vorbei, und es ist gesagt, dass sich nun eine Aura-Schicht nach der anderen auflöst und durch die nächsthöhere ersetzt wird. So lange, bis eure Aura-Schichten sich alle aufgelöst haben und euch nur noch euer Energiekörper voll reiner Liebe und reinem Licht umhüllt. Alle vergangenen Emotionen und Taten sind ab diesem Prozess getilgt, und Schuld und Tat sind durch die Liebe aufgelöst.

So sind nach Beendigung der sechsten Nuance alle Schritte getan, die für den Beginn des Aufstiegs zu erledigen sind und waren. Und ein Halleluja sagen wir euch ab diesem Prozess, denn nun beginnt die Meisterschaft des Aufstiegs, so, wie es von uns schon gesehen und voller Freude erwartet wird.

7. Erkennen eures Seelenauftrags – Die Lehre

Ab hier habt ihr den Klärungsprozess all eurer Gedanken und Taten in euer Wissensbuch zu manifestieren – für die Lebewesen, die von euch in der Zukunft lernen können. Ihr erhaltet von nun an den Zugang zu eurem Buch des Wissens und zu eurer Akasha-Chronik. Ab hier erkennt ihr komplett euren Seelenauftrag und euren Weg, den ihr gegangen seid, um zu erfahren und zu lernen.

Es ist der bewusste Prozess für die Neuentwicklung anderer Universen und ihrer Bewohner, die diese Schritte in der Zukunft zu gehen haben. Ihr werdet nun die Lehrer für zukünftige Wesenheiten, die unter anderen Bedingungen (nicht wie ihr auf der Erde mit der Dualität und der Emotion) die Erfahrungen fern von dem Einen zu erleben und auszuleben haben.

Ihr werdet mit eurem Wissen und euren Taten, egal, wie schlimm sie waren, geehrt, da sie mehr Lehre in sich bergen als alle niedergeschriebenen Gesetzesvorgaben und Texte. Lernen und Vorbild ist in der Zukunft für andere Wesenheiten das Gesetz der Erkenntnis, für das ihr nun Hilfe geleistet habt. Und dafür könnt ihr euch lieben. Dafür könnt ihr euch ehren. Das ist ein nächster göttlicher Aspekt.

8. Veränderte Gesetzlichkeiten – Leichtigkeit auf allen Ebenen

Ab nun werdet ihr die Gesetze der Siebten Dimension erfahren und erleben dürfen.

Hier gelten andere Regeln und universelle Gesetze, die ihr nun leben dürft. Diese Gesetze haben nichts mehr mit der Grobstofflichkeit zu tun, in denen euer Körper, euer Geist und eure Seele gelebt haben. Hier ist allein die Leichtigkeit zu finden. Auch die Polarität wird sich für euch verändern. Ihr werdet nicht mehr in eurer Schwere sein, sondern euch leicht wie eine Feder bewegen können. Leichtigkeit in allen Bereichen wird nun euer Denken, Handeln und Bewegen beeinflussen und somit eure Gesetzlichkeit total verändern.

Alles, was bisher gewirkt hat, hat keine Wirkung mehr. Alles, was bis jetzt von euch umgesetzt wurde, benötigt einen anderen Weg der Leichtigkeit. Ihr werdet noch zur rechten Zeit erfahren, wie diese Leichtigkeit sich bei euch einstellt und wie ihr sie üben könnt. Denn alles hat sich ab diesem Zeitpunkt für euch verändert. Alles. Ihr kommt dem Göttlichen nah.

9. Der Übergang – Der Weg ins Paradies

Die neunte Nuance steht für den Übertritt in die Siebte Dimension und das Begrüßen und Erkennen aller anderen göttlichen Wesenheiten, die in diesen Bereichen schon wirken. Ihr habt den Übergang geschafft, seid aber immer noch in dem alten Wissen und Wirken verstrickt, das euch aus der Vergangenheit begleitet hat. Doch nun seid ihr keine Gefahr mehr für die höher entwickelten Wesen, denen ihr nun begegnen werdet.

Das Strahlen in eurer Aura wird euch helfen, von allen angenommen und geliebt zu werden. Euer Wissen der Vergangenheit wird durch euch in Liebe weitergestrahlt und umgewandelt. Keinerlei Verletzungen oder andere Taten können mehr Macht über Seele und Geist haben, da sie nur noch als Lehrmaterial dienen. So seid ihr durch den Übergang geläutert und gelichtet. Dieser höchste Prozess wird ein Weg in das gewünschte Paradies für euch werden, auf den sich eure Seele Äonen von Zeiten schon gefreut und die sie sich zusammen mit euch erarbeitet hat.

Friede mit euch.

10. Angekommen-Sein – Der lichtvolle Energiekörper

Willkommen im Paradies. Ihr habt es geschafft und seid angekommen. Der letzte Schliff wird nun in eurem körperlichen Sein durchgeführt, sodass ihr keinerlei Grobstofflichkeit mehr aufzuweisen braucht. Ihr seid ein Lichtkörper der Siebten Dimension geworden, und euer Licht strahlt in eurem Energiekörper voller prachtvoller Farben. Farben, die euch in den unteren Dimensionen nur in euren Träumen ausgedrückt und gezeigt worden sind. Ihr seid zu Lichtwesen geworden, mit einer körperlichen Energiehülle, die alles von euch umschließt, was in euch ist und wirkt. Willkommen. Es ist geschafft.

Die Erdenzeiten in der Veränderung

Ursprung und Aufgabe

Frieden zu euch, ihr Menschenkinder des Lichts und des Einen. Frieden zu euch und seid gegrüßt.

Wir aus der Geistigen Welt sehen euch und sind oft voller Freude, euren Weg mit allen Hürden und Niederlagen zu erkennen. Und ebenfalls die Auflösung eurer Themen und euer Aufstehen zu bejubeln, wenn ihr gefallen seid, dass ihr euch nicht im Fallen nach unten begebt, sondern immer wieder aufsteht und euren Weg weitergeht. Wir erkennen die Schwere in eurem Leben und euren Auftrag, den ihr in dieser Inkarnation und in vielen anderen Inkarnationen entgegengenommen habt und hier und jetzt gehen und erleben möchtet.

Wir rufen euch auf: Bitte, seht euer Licht und euer Ur-Thema in diesem Leben. Ihr seid in einer ganz besonderen Zeit in euren Körper inkarniert. Eine Zeit, in der die Energien sich von allem Grobstofflichen und Dunklen um euch herum verabschieden. Ihr habt nun die Aufgabe, das Dunkle abzustreifen und das Licht in euch wieder zu entzünden, das euch von dem Einen mitgegeben wurde und in euch ruht und wirkt. Lasst dieses Licht wieder in euch erstrahlen. Lasst diese Ur-Information wieder in euch erblühen, sodass ihr stark werdet und alle eure vergangenen Themen in Liebe erkennen, loslassen und transformieren könnt. Dafür stehen wir euch hilfreich zur Seite.

Wir sehen euer Licht. Es ist ein Strahlen im Ursprung des Einen. Ihr Menschenkinder, entstanden aus dem Aspekt des Einen. Ihr seid so wertvoll, ihr seid wertvoll in allem, was ihr tut. Und dieses Wertvolle manifestiert sich auch in Stunden der

Dunkelheit. Ohne Dunkelheit würdet ihr das Licht nicht erkennen. Darum habt Vertrauen und bejubelt ebenso alle Hürden und Schatten, die sich euch in den Weg stellen. Schatten sind dazu da, euch eure Anteile, die in euch ruhen, deutlich zu machen.

Ihr lebt in der Polarität, und die Polarität hat beide Anteile zu gleichen Wertigkeiten in euch. Hell und Dunkel, Liebe und Schatten sind die Werte, die ihr in dieser Zeit lebt und ins Licht bringen müsst. Das ist ein Auftrag von euch, den ich euch bitte, bewusst zu erkennen und zu leben. Wann immer euch der Schatten umgibt, seht hin. Erkennt euer Thema. Stellt euch eurem Thema und sagt: „Danke, dass ich auf dieses Thema aufmerksam gemacht werde." Seht euch euer Thema von allen Seiten an, beleuchtet es in Liebe, erkennt es in Liebe, belächelt es in Liebe, denn es ist ein Anteil von euch. Verbergt diesen Anteil nicht, versucht ihn nicht zu unterdrücken, sondern sagt: „Ja, auch dieser Schatten gehört zu mir. Ja, ich erkenne diesen Schatten, und ja, ich begrüße und umarme ihn, damit ich mich im Hier und Jetzt diesem Teil von mir stellen und ihn in die Auflösung bringen kann."

Je mehr ihr eure Themen erkannt und aufgelöst habt, umso mehr seid ihr bereit, die nächsten Themen anzugehen, die tiefer und stärker in euch wirken. Erst erscheint die Oberfläche mit leichten Themen. Doch die Themen danach werden schon stärker und höherwertiger in der Auflösung sein. Bis ihr den Themen eurer Ur-Informationen gegenübersteht, die nicht nur euch, sondern auch eure Ahnen berühren. Das sind die Themen, die oft einen karmischen Ursprung haben und euch bei der Geburt mitgegeben worden sind. Wenn ihr euch an diese Themen begebt, werdet ihr erkennen, wie stark eure Verbindung zu der Geistigen Welt und euren Ahnen ist. Und jetzt ist die Zeit, um an diesen Energien und Aufträgen zu arbeiten.

Ihr seid reif für diese Entwicklung und Auflösungen, denn ihr habt schon einen langen Weg der Veränderung vorgenommen. Ihr seid schon weit in eurer Entwicklung und nun befähigt, hier für eure Ahnen zu wirken. Ihr seid stark, und euer Ursprung wird sich bei euch in Erinnerung bringen, damit ihr ihn und eure Verbundenheit mit Allem-was-ist erkennt. Damit ihr für euch euren Ursprung in allem Sein erleben könnt und an allem wachst, was euch nun widerfährt.

Mannigfaltig werden euch Impulse und Energien zur Verfügung gestellt, die euch diesen Weg erleichtern. Und bitte, erkennt ohne Wertung, dass viele Wege euch dorthin bringen. Viele Wege können euch bei der Auflösung hilfreich zur Seite stehen. Nicht nur eine Hilfe, sondern die Hilfe des Universums ist mannigfaltig, so, wie auch ihr mannigfaltig seid. Das Einzige, was euch alle verbindet, ist das Licht des Einen, das in euch wirkt.

Also lernt in dem Erkennen eurer Umgebung, dass in jedem Einzelnen das Licht des Einen wirkt. Und dass jeder Einzelne etwas Besonderes darstellt. Oft fällt es euch schwer, in einem Gegenüber das Besondere zu erkennen, das euch mit ihm verbindet. Doch vertraut darauf, es ist ein besonderes Erkennen da. Sollte euch eine Begegnung nicht angenehm erscheinen, hat das nichts mit dem göttlichen Aspekt zu tun, sondern damit, dass ihr in einem anderen Leben mit dieser Persönlichkeit in Kontakt wart und sich in diesem Kontakt ein Schatten über euch gelegt hat. Versucht, diesen Schatten für euch in Liebe aufzulösen, sodass dieses Geschehen aus einem anderen Leben für euch nicht mehr belastend ist.

Erkennt, dass jede Belastung, die ihr nicht auflöst, jeder Schatten – auch aus anderen Leben –, den ihr nicht in die Leichtigkeit und die Verabschiedung bringt, jedes weitere Karma euch und somit euer Licht zusätzlich belastet. Geht in Liebe in die Veränderung, denn die Liebe ist der Schlüssel für die Verabschiedung.

Liebe, Mitgefühl, wohlwollendes Annehmen, Wollen sind wichtige Schritte in eurem Leben. Das Wollen ermöglicht euch die Verabschiedung, auch wenn ihr das in manchen Situationen nicht spüren könnt. Geht in kritischen Situationen bewusst an die Situation heran und schickt liebevolle Gedanken zu euch und eurem Gegenüber, das euch euer Leben erschwert. Ihr seid die Bewussten, also schickt den Unbewussten eure liebevollen Gedanken und, wenn möglich, eure liebevollen Worte.

Worte vermögen alles zu bewirken, von der liebevollen Auflösung bis zur Zerstörung. Erkennt die Stärke in euren Worten und dass es oft wertvoller ist zu schweigen, wenn die Liebe nicht über eure Lippen kommen kann. Schickt in solchen Situationen Gedanken der Liebe. Lasst eure Seele in Liebe sprechen. Auch wenn ihr denkt, es geht nicht, vertraut. Alles ist möglich, wenn ihr wollt. Und der Wille, euer Wille, steht hier im Vordergrund. Wenn ihr wollt, könnt ihr alles verabschieden, alles in Liebe umsetzen, ihr müsst es nur wollen.

Vertraut auf eure Stärke und euren liebevollen Aspekt, der in euch strahlt, denn ihr seid das Licht des Einen, und die Liebe ruht in euch. Deshalb lasst diese Liebe in euch wirken und strahlen. Ihr seid es wert, euer Licht nach außen strahlen zu lassen. Ihr seid es wert, ihr seid.

Meditation in euer Licht

Ich möchte euch nun in einer Meditation euer Licht näherbringen.

Atmet tief in euren Körper ein und aus, atmet tief ein und aus und kommt ganz in eure Ruhe und euren Frieden.

Ich grüße jede einzelne Seele von euch und bitte sie, sich für diese Meditation für euch zu öffnen. Und ich grüße euren Geist und bitte auch ihn, sich für diese Meditation für euch zu öffnen, weil ihr es wert seid.

Eine Pyramide steigt aus der Geistigen Welt hinab in diesen Raum und senkt sich auf euren Kopfbereich, den Bereich eures Mandalas. Sie kreist über eurem Kopf. Schaut euch die Farbe dieser Pyramide an, sie ist sehr ausdrucksvoll für euch. Währenddessen löst sich aus der Pyramide Lichtenergie, die in euren Kopf, in euren Körper strahlt und diesen auskleidet.

Die Energie zieht sich herunter bis zu eurem Wurzelchakra und wirkt dort für euch. Lasst sie in eurem Wurzelchakra kreisen, es stärken und sich entfalten, damit ihr in diesem Leben die Kraft habt, euren Weg zu gehen. Euer Wurzelchakra wird größer und stärker, und eine Wärme kommt in euren Körper, die euch Vertrauen und Kraft übermittelt.

Nun wandert die Energie zu eurem Sakralchakra, das für euch in dem Bereich der Sexualität wirkt. Er ist für euch das Gebiet eurer Jugend, und diese Energie wirkt in dem Bereich. Es baut sich für euch dort ein kraftvolles Pyramidengeschehen auf, das diesen Bereich für euch stärkt. Erkennt, wie euer Sakralchakra Impulse aussendet und sich weitet und stärkt. Und diesen Bereich für euch vergrößert und euch die Kraft gibt, alte Geschehnisse in diesem Leben anzusehen und zu verabschieden. Habt einen Gedanken an eine alte Verletzung in dieser Zeit, denkt an diese Verletzung und lasst sie sich in dieser Energiepyramide in Liebe auflösen. Seht euch die Farbe an, die sich in der Pyramide für euch verändert hat, sie ist Liebe und Transformation, nur für euch.

Nun zieht diese Energie der Farben weiter hoch in euren Solarplexus, den Bereich eurer Emotionen. Lasst die Energie dort wirken und euer Geschehen, das euch derzeit beschäftigt, in diese Energien einfließen. Bittet darum, dass ihr diese Energien zur Auflösung eines Ärgernisses nun wirken lassen könnt. Ihr seid nun in der Lage, eine Verletzung, die aktuell bei euch wirkt, in die Transformation zu geben. Und hier, weil es eine heftige Energie ist, schicke ich zusätzlich meine Amadeii-Energie über euer Mandala, über die Pyramide in euren Körper, hin zu eurem Solarplexus, mit der Bitte, diese Verletzung verstärkt aufzulösen und zu verabschieden. Die Verletzung darf gehen. Sie hat bei euch keine Kraft mehr. Nun schaut euch wieder die veränderte Farbe im Bereich eures Solarplexus an und merkt sie euch. Wann immer ihr ein Ärgernis zu verabschieden habt, umgebt euch mit dieser Farbe, und die Verabschiedung wird leichter für euch.

Und wir grüßen eure Seele und bitten sie, gemeinsam mit den Energien der Pyramide in euer Halschakra zu fließen und dort zu helfen, all die Dinge, die ihr nicht aussprechen konntet, all die Verletzungen, die ihr runtergeschluckt habt, alles, was euch belastet hat und noch belastet, in eurem Kehlkopfchakra loszulassen. Lasst die Energien dort wirken. Ein Druck in eurem Nackenbereich ist Zeichen für euren Kummer, den ihr runterschluckt und nicht rauslasst. Lasst alles, was ihr im Halsbereich *nicht lösen könnt, in Form eines Hustens aus eurem Körper heraus. Hustet es heraus, lasst es los. Ihr habt das Recht, alles für euch loszulassen, so, wie es gut für euch ist. Der Schmerz und der Druck im Schulter- und Nackenbereich dürfen sich für euch auflösen und verabschieden.*

Da ihr nun bereit wart, Dinge, die euch belastet haben, loszulassen, verändert sich die Pyramide über eurem Kopf. Ein heller weißer Strahl aus der Geistigen Welt kommt in diese Pyramide und erhellt über sie eure Aura. Erhellt sie im Licht. Und ihr erkennt: Ihr seid Licht. Dieses Strahlen, das euch nun komplett umgibt, habt ihr von dem Einen bei eurer Inkarnation mitbekommen.

Seht euer Licht. Erkennt euer Strahlen und eure wertvolle Daseinsform hier in diesem Leben. Ihr seid Licht.

Und in diesem Licht ist es euch erlaubt, euch zu sehen und einen Ahnen für euch zu rufen, der sich vor euch manifestiert. Es ist ein Ahne, der mit euch in Liebe verbunden ist. Dieser Ahne steht nun vor euch. Streckt ihm eure Hände entgegen und erlaubt ihm, über eure Hände mit euch in Kontakt zu treten. Ihr spürt eine Kühle in euren Händen, und euer Ahne setzt einen Gedanken in euren Geist, der euch euren Auftrag deutlicher macht. Lasst euren Ahnen für euch wirken.

Seht auch, wie sich eure Farbe wieder verändert. Erkennt, dass nun eine neue Farbe für euch wirkt, und dankt eurem Ahnen, dass er zu euch gekommen ist. Während euer Ahne sich verabschiedet, schicke ich meine Amadeii-Energie über euer Mandala in euren Körper, in euren Kopfbereich, in Schulter und Nacken, in Körper, in Arme, in Oberkörper, Unterkörper und Beine. Und sie fließt über eure Füße aus eurem Körper heraus.

Nehmt meine kühle, klärende Energie liebevoll an, lasst zu, dass meine Transformationsenergie für euch transformiert, was zur Transformation ansteht. Und nochmals schicke ich meine Amadeii-Energie über euren Kopf in euren Körper hinein und kläre und transformiere, was zu klären und zu transformieren ist. Habt keine Angst, die Kühle ist eine wirksame Energie nur für euch. Sie wird so lange bei euch bleiben, bis sich euer Thema verabschiedet hat.

Atmet nun wieder tief in euren Körper ein und aus, atmet tief ein und aus und kommt wieder ganz bewusst in euren Geist und in euren Körper. Genießt die Ruhe und den Frieden in euch und habt nun wieder genügend Kraft, euch eurem Seelenauftrag und eurem Licht zu stellen.

Die Hürden für den Aufstieg

Geht in euren inneren Frieden und haltet inne. Lasst all die Ruhe in euch fließen und wirken, die ihr benötigt, um Ausgeglichenheit zu spüren und innere Anspannung zu verabschieden. Denn ihr seid in dieser Zeit der Ursprung aller Aktivitäten, die zu erkennen sind. Ihr seid an einem Wendepunkt angekommen, an dem alles alte Irdische infragegestellt werden muss, damit eine Veränderung zu eurem eigenen Wohl eintreten kann.

Dieser Wendepunkt ist bestimmt durch Strömungen von Mutter Erde, die sich erneuert und verändert. Mutter Erde ist glücklich, dass sie alles Vergangene überwinden, alle alten Verletzungen auflösen und vor allem alle alten Gefühle von Einsamkeit verabschieden kann. Bald gehört sie wieder zu der universellen Weltengemeinschaft und ist wohlwollend im steten Austausch mit gleichgestimmten Energien des Universums.

Eure Erde steigt auf, und darum muss sie alle ihre Schwingungen so verändern, dass sie wieder gleichziehen kann mit den universellen Schwingungen der Neuen Zeit und wieder existieren kann auf einer Ebene, die sie schuldlos, doch in Ausführung ihrer Pflicht, verlassen hatte. Um euch zu ehren hat sie diesen Weg eingeschlagen und war lange einsam in ihrem Wirken. Doch jetzt naht die Zeit, in der sie wieder eine unter vielen ist, die voll in den Schwingungen des Einen existieren und sich entwickeln dürfen. All das dient zum Halleluja der Neuen Zeit und der neuen Existenzen, die nun aufsteigen und sich neu definieren dürfen.

Metatron ist ebenfalls voll in der Freude, trifft er doch seine energetische Liebe wieder auf einem Niveau, das ihm ermöglicht, wieder in den Austausch und in die vereinende Harmonie zu kommen. Wir haben euch schon einmal angedeutet, dass eure Mutter Erde, Gaia, eine hohe Wesenheit ist, die in Harmonie mit Metatron schwang. Und nur durch diese liebevolle Harmonie hatte sie sich bereit erklärt, die Menschenkinder, die Metatron besonders am Herzen lagen, in der Stunde der Dunkelheit zu begleiten und sich dadurch selbst vom Licht zu entfernen. Es waren die dunkelsten Stunden und Zeiten, die diese beiden Wesenheiten durchleben mussten. Doch sie sind nun von Erfolg gekrönt. Der nächste Aufstieg in die Siebte Dimension steht bevor. Er wird vorbereitet und wirkt schon in den Veränderungen, die ihr bei euch, in eurer Umgebung, auf der ganzen Welt und auch bei Mutter Erde spürt und erlebt.

Alles hat sich jetzt so zuzuspitzen, dass auch der letzte Schatten aus seinem Versteck herauskommen kann und erkannt wird. Alle eure derzeitigen Heftigkeiten auf der Erde dienen dazu, alles Dunkle in euch und auf der Erde aufzuzeigen, damit es, nachdem es erkannt worden ist, angenommen und in Liebe umgewandelt werden kann.

Themen wie innerer Frieden, Miteinander, Gleichheit aller Lebewesen, Akzeptieren des andersartigen Erkennens, dass Religion nicht der Grund für Unfrieden und Ausgrenzung sein darf. Vertrauen statt Misstrauen. Annehmen von allem, was existiert, und es in Frieden auch so sein lassen, ist ein wichtiger Aspekt, den ihr immer wieder deutlich vorgehalten bekommt. Erkennt in der derzeitigen Völkerwanderung aus Not, aber auch aus Gier, dass sie eine Aktion der Veränderung einzuleiten hat, die von euch derzeit als Lektion zu lernen ist.

Ihr seid alle aus dem Ursprung des Einen entstanden. Ihr seid alle in der Liebe des Einen entwickelt. Und ihr seid alle aus dem inneren Frieden des Einen liebevoll gehaucht worden, sodass diese Aspekte bei euch derzeit wieder deutlich hervorgerufen werden dürfen, damit ihr erkennt, woher ihr kommt und welche Voraussetzungen in euch manifestiert sind.

Nur durch extreme Situationen und Gegebenheiten, die nicht in Liebe und Harmonie stehen, seid ihr gezwungen, euch mit diesen Themen und Lebewesen, egal, welcher Couleur, auseinanderzusetzen. Euer Frieden wird bewusst gestört, damit ihr aufgerüttelt werdet, damit ihr hinschauen müsst, damit ihr betroffen seid. Ohne diese Aktionen würdet ihr wegsehen. Ohne diese Aktionen würdet ihr nicht aktiv werden. Ohne diese Aktionen würdet ihr nicht in eure Emotionen kommen und über eure Liebe hinauswachsen können, die für euch ein Wiedererkennen eurer göttlichen Wesensform bewirkt und euch in die Entscheidung bringen soll, welcher euer wirklicher Weg in diesem Leben ist.

Ihr hattet diese Emotionen zu leben. Ihr habt jetzt diese Emotionen in die Liebe zu lenken, damit ihr kurz vor dem Aufstieg in die Welt des Paradieses Weltenkinder werdet. Denn das wird der Aufstieg in die Siebte Dimension für euch bedeuten: Der Aufstieg ins Paradies. Durch diesen Aufstieg seid ihr in der Lage, euer Leben selbst zu bestimmen. Für euch alles Wirklichkeit werden zu lassen, was ihr euch erträumt – im emotionalen, physischen und mentalen Bereich. Ihr werdet ein Leben haben, das euch inneren Frieden und die Freiheit ermöglicht und sich als Wunsch bei euch schon lange in Form einer Sehnsucht manifestiert hat.

Für diesen Aufstieg müsst ihr aber noch einige Hürden überwinden. Ohne innere Liebe und inneren Frieden für euch und alles, was existiert, seid ihr nicht willkommen in dieser neuen Dimension. Ihr wärt Störenfriede, so, wie viele von euch derzeit die zu euch reisenden Menschen als Störenfriede ansehen. Und so, wie die Aggressoren, die mit diesen Strömungen zu euch kommen und bei euch unfriedlich agieren und sogar zerstören, würdet ihr durch eure Emotionen, die nicht im Frieden sind, durch eure friedlosen Emotionen das Paradies zerstören.

Bitte erkennt, dass das, was derzeit bei euch auf der Erde geschieht, ein großer Test und eine immense Probe für euch darstellt, wie weit ihr für den Aufstieg schon gediehen seid und wie viel ihr an euch noch zu wirken habt.

Wir prüfen euch derzeit sehr hart, doch es ist notwendig, damit ihr in die Erkenntnis und in den Frieden kommt. So werden wir in den nächsten Zeiten immer wieder Prüfungen für euch durchführen, an denen ihr wachsen könnt. Seid euch bewusst, dass diese Prüfungen für euch der Freifahrschein ins Paradies sind.

So rufe ich euch auf: Kommt in euren inneren Frieden. Bewertet nicht, was euch nicht zusteht. Lasst eure Emotionen der Aggression sich verabschieden und fühlt den inneren Frieden, der euch in die Liebe führen kann. Sucht euch liebevolle Gleichgesinnte. Kommt regelmäßig mit ihnen zusammen, um eure Liebe in der Gemeinschaft zu verstärken. Aktiviert das Strahlen in euch und geht so den Weg in die Neue Zeit.

Ihr habt nicht nur für euch die Verantwortung, dieses zu tun, sondern auch für eure euch liebende Mutter Erde, die für euch lange Zeit alles aufgegeben hat, was für sie wertvoll war. Helft Mutter Erde, dass sie mit euch aufsteigen kann, um dann wieder in ihrer Liebe vereint mit Metatron eine längere Ruhepause eingehen zu können, bevor sie sich dann anderen Aufgaben zuwenden kann, dieses Mal nicht mehr getrennt, sondern gemeinsam mit Metatron.

Ich habe schon mehrfach angedeutet, dass sich die Aufgabe von Metatron verändern wird, und das wird für die neue Entwicklung eines anderen Universums sehr wichtig.

Doch davon werde ich euch erst in der Siebten Dimension weiter berichten, da ihr dann an diesem neuen Wirken hilfreich teilnehmen beziehungsweise euer Wissen zur Verfügung stellen könnt.

Frieden zu euch, und nun möchte ich mit euch eine Meditation des Friedens durchführen, die Leichtigkeit in euer Herz hin zu eurer Seele bringt.

Meditation für den Frieden

Geht ganz in eure gedankliche Mitte. Atmet tief ein und aus. Nochmals tief ein und aus, und dann lasst einen Lichtstrahl aus eurem Mandala in eure Seele fließen. Weitet eure Seele und lasst sie strahlen. Dehnt sie aus, weiter und weiter, und spürt den Frieden, der zu euch strömt. Spürt diesen Frieden ganz in der Liebe des Lichtstrahls. Erkennt, dass die Liebe in euch und somit in jedem Lebewesen auf der Erde vorhanden ist und nur aktiviert werden muss. Erkennt, wie dieses Strahlen immer größer wird, wie es sich aus eurem Körper herausdehnt und eure Aura komplett umhüllt. Nun seid ihr ein kompletter Lichtkörper, so, wie ihr von dem Einen erschaffen worden seid.

Ihr seid Licht, und ihr seid in der Liebe eingehüllt, die euch den Frieden bringt. Atmet ganz stark dieses Licht in euch ein und wieder aus. Atmet weiter dieses Licht in euch ein und aus und spürt, wie eure Zellen reagieren, wie sie klingen und in die Heilung kommen. Atmet weiter dieses Licht in euch ein und erkennt, wie seine Farbe sich verändert. Seht, wie das Licht anfängt, in den Regenbogenfarben zu strahlen.

Lasst diese Heilfarben nun zu euren Füßen fließen. Eure Füße werden komplett umschmeichelt von diesen Farben, bis ihr Leichtigkeit in eurem Köper spürt. Diese Energien ermöglichen es euch, leicht zu werden und hoch über der Erde zu schweben. Ihr seid leicht wie eine Feder. Eure Füße berühren den Boden nicht mehr, dennoch seid ihr sicher und geborgen auf der Erde.

Jetzt fließt diese Regenbogen-Energie eure Beine hoch und manifestiert sich im Bereich eurer Genitalien. Lasst die Energien dort fließen und rotieren und spürt die Leichtigkeit, die sich breitmacht. Wärme umfließt euch in eurem mütterlichen und väterlichen Bereich. Ihr spürt nun Frieden in diesem Bereich, und das Mütterliche und Väterliche dürfen sich vereinen und euch eure Androgynität wieder deutlich machen. Keine Trennung der Geschlechter, keine Entwürdigung der Geschlechter. Alles ist wieder vereint, so, wie es im Ursprung war. Lasst es auf euch wirken. Genießt diese Situation.

Jetzt fließt die Regenbogen-Energie weiter zu eurem Bauchnabel. Sie macht euch nun eure Silberschnur deutlich, die euch mit eurer energetischen und der Welt eurer Ahnen verbindet. Lasst sie dort wirken und seht, wie sich die Farbe eurer Silberschnur verändert. Seht, wie sie sich verdichtet und stärker wird, so, wie ihr wieder stärker angebunden werdet an die energetischen Welten der vergangenen Zeiten in der universellen

Masse und in den Generationsenergien. Spürt das Gefühl, wieder mit zu Hause verbunden und vereint zu sein. Genießt diese Gefühl.

Nun lasst die Regenbogen-Energie zu eurem Herzen fließen und sie sich mit dem Licht eurer Seele vereinen. Findet euren Frieden in dieser Vereinigung. Seht auch, wie eure Seele sich in dieser Vereinigung stärkt und kraftvoller wird. So kann sie euch in Zukunft wieder kraftvoller dienen und euch zur rechten Zeit mahnen, wenn der Frieden euch verlassen möchte. Seht die Regenbogen-Energie, wie sie sich in einer Spirale um eure Seele dreht und dann hoch hinaus zu eurem Mandala fließt. Sie kreist hinaus um eure Aura und verlässt euch dann in der Gewissheit, den inneren Frieden bei euch wieder aktiviert zu haben.

Nun schicke ich noch einen kristallinen Strahl meiner Energie in euer Herz, damit eine Transformation stattfinden kann, die derzeit notwendig ist. Noch einmal fließt meine Amadeii-Energie zu eurem Herzen und transformiert alle Schatten, die sich lösen konnten. Und ein letztes Mal sende ich meine Amadeii-Energien zu eurem Herzen. Spürt die klärende Kühle. Sagt Halleluja zu diesem Prozess der Reinigung und seid voll in der Beseelung und Transformation. Innerer Frieden zu euch.

Nun atmet tief ein und aus und lasst alles los, was den inneren Frieden bei euch boykottiert hat. Lasst los. Atmet Unfrieden aus und Liebe ein. Bewusst für euch. Alles hin in den Frieden.

Fühlt euch nun wieder ganz im Hier und Jetzt und lasst alles weiter nachwirken.

Frieden zu euch.

Die Welt in der Erneuerung

So ist es geplant, damit ihr – und alles andere mit euch – in die Erhöhung gehen dürft. Die Erneuerung, die ansteht, hat viele unterschiedliche Schichten und Ebenen, in denen ihr in kurzer Zeit die Entwicklung zu durchschreiten habt, damit ihr aufsteigen könnt in die Siebte Dimension.

Alle Zeichen sind gesetzt, und jetzt schaut bewusst auf eure körperlichen und seelischen Höhen und Tiefen, die derzeit bei euch wirken. Alle Emotionen geraten in Wallung. Ihr kommt in die Unsicherheit. Ihr stellt alles für euch infrage, obwohl ihr schon sehr weit gekommen seid. Alles Vergangene ist für euch messbar. Alles Erlebte ist für euch nachvollziehbar. Alles Sein in der Vergangenheit ist für euch so vertraut, dass ihr oft euren neuen Weg nicht sehen wollt oder könnt. Alle Ängste werden von den Schatten geschürt, die euch Unsicherheit in eure Gedanken bringen. Das alles, um euch zu stoppen, um euch Einhalt zu gebieten, damit ihr nicht weiterkommt im Prozess des Aufstiegs und der Entwicklung.

Seht bewusst hin. Erkennt die Verhaltensregeln der Schattenseite. Sie will Unsicherheit säen. Wenn diese in eure Vernunft eingedrungen ist, kann sie wirken. Stetig immer wieder ein Stück mehr, und noch ein Stück mehr, bis ihr wirklich euren Ängsten glaubt. Bitte erkennt die Absicht hinter diesen Schatten. Je mehr Licht ihr aufbaut, umso mehr verdrängt ihr die Dunkelheit, die ihre Schattenkinder nicht mehr verdunkeln kann. Erkennt es deutlich und seid bewusst in euren Gedanken. Ihr allein seid Herr eurer Gedanken.

Keine andere Energieform darf eure Gedanken beeinflussen oder manipulieren. Selbst wir tun es nicht, da wir eure freie

Daseinsform und euren freien Willen akzeptieren. So ist es also untersagt, Beeinflussungen in die Denkweise der Lebewesen zu setzen. Doch das wird von der Schattenseite ignoriert. Sie hält sich nicht an die Gesetze, die in den universellen Höhen alles regeln, was ein Miteinander in Frieden und Liebe möglich machen.

Seht auch, dass die Schatten nicht in der Lage sind, im Licht zu leben, und auch der Aufstieg ist für sie nicht möglich. Sie sind in einem Konflikt und Existenzkampf, der Mitleid hervorrufen könnte, wenn es nicht um die komplette Erde und ihre Lebensformen gehen würde. Euer Aufstieg in die Siebte Dimension bedeutet für die Schattenseite Untergang und Vernichtung. Traurig, dass dieses Extrem sich hier so deutlich manifestieren muss. Leider ist nur diese Version derzeit bei euch auf der Erde möglich. Licht oder Schatten. Sein in Liebe oder im Absturz in die Schattenwelt.

Traurig Frieden, traurig Licht, traurig Schatten, alles hin zu dem Einen, aus dem alles entstanden ist. Denn auch der Schatten und die Dunkelheit sind aus dem Einen entstanden und haben sich für diese Aufgabe des Gegensatzes und der Manipulation zur Verfügung gestellt. Eine sehr schwierige Aufgabe, die nur durch die Machtansprüche und Emotionen wie Hass, und Gier verstärkt werden konnten. Ärger, Panik, Wut, Neid sind alles Kinder dieser Emotionen, die auf eurer Erde in der Vergangenheit praktiziert und belohnt wurden. Nicht der Ehrliche wurde belohnt, sondern der, der getrickst und manipuliert hat. Doch das wird sich ebenfalls in der Zukunft ändern.

Ein erster Schritt in die Veränderung ist die massive Bewusstwerdung von allen Ungerechtigkeiten, Lügen, Betrügereien, Schummeleien und Tricksereien. Manipulationen werden

40

immer deutlicher. Alles kommt ans Tageslicht. Alles wird deutlich und offengelegt, damit es ein jeder sehen kann. So ist es bewusst gewollt, damit ihr Menschenkinder es erkennen könnt und achtsamer werdet auf die Taten anderer, aber auch sensibilisierter auf eure eigenen Taten. Denn auch ihr seid nicht unfehlbar. Ihr seid in diesen Mustern aufgewachsen, und es ist oft für euch leichter, in einer prekären Situation die Unwahrheit zu sprechen. Auch ihr habt zu erkennen und euch von euren alten Verhaltensmustern zu verabschieden.

Der erste Schritt in diese Veränderung ist die Ehrlichkeit, die ihr euch selbst entgegenbringt. Achtet bewusst auf euch und euer Verhalten. Erkennt und akzeptiert, dass ihr noch nicht engelgleich wirken könnt, aber versucht, eure eigenen Taten zu analysieren und zu verändern. Ihr seid der wichtigste Part in dieser Veränderung.

Schaut euch die Tierwelt an. Ohne Einfluss der Menschen sind die Tiere auf Miteinander und Frieden eingestellt und nicht auf Töten aus Wut, Gier und Egoismus. Der Mensch tut das, um einen Vorteil zu erfahren. Die Tiere töten nur, um sich auf diese Weise Nahrung für ihr Weiterleben zu verschaffen. Ihr schafft Nahrung heran, um sie zu horten und zu schlemmen. Nicht die Nahrung zum Lebenserhalt, sondern die Nahrung zum Wohlgefühl steht bei euch im Vordergrund. Fangt im Kleinen an. Gebt eurem Körper die Nahrung, die er benötigt. So viel, wie er braucht, und so wenig, wie nötig. Das ist für den Reinigungsprozess eurer Zellen ein guter Weg, sich emporzuheben in die höheren Schwingungen, die jede Zelle in ihrer Funktion für den Aufstieg benötigt. Optimale Energiegewinnung für gesunde Ernährung, gute Nahrung und die Würdigung dieser Nahrung sind wichtig für euren Aufstieg. Meidung der Noxen, die euren Körper vergiften, gehört ebenfalls zu diesem Reinigungsprozess.

Alles wird sich verändern. Eure Gedanken, eure Zellinformationen, euer Körper, so lange, bis ihr in Harmonie schwingt, die euch berechtigt, an die Neue Zeit der Siebten Dimension anzudocken. Aufstieg in Liebe und Frieden und Reinigung. Das ist das Ziel, dem ihr euch in der kommenden Zeit widmen mögt. Geht es an. Erkennt es deutlich und findet den inneren Weg zu diesen Werten, die notwendig sind.

Lasst die Liebe sprechen

In den anzustrebenden neuen Zeiten, auf die ihr nun zusteuert, sind viele Werte aktuell auszuleben und zu verinnerlichen, die für das Miteinander in der Neuen Zeit unabdingbar sind.

Um in den neuen Energien überleben zu können, ist die Ausbildung eurer Herzensqualität und Liebe höchstes Gut, das wie ein Türöffner für euch fungieren wird. Die Liebe erhält über eure Seele ihr Wachstum im Herzbereich, immer präsent anzunehmen in einer Fülle von Wärme und Mitmenschlichkeit, die euer Licht zum Strahlen bringen kann.

So ist die Liebe in Zukunft die Sprache, die für euch vermittelnd wirken darf. Allein über die Liebe ist Kommunikation für alle Lebensformen möglich, egal, welcher Art sie gestaltet sind. Die Liebe ist ohne Worte und Taten spürbar. Die Liebe ist bei allen gleich wirksam und zu verstehen, ohne eine Verständigungsschwierigkeit hervorzubringen.

Vertraut auf euer Wachstum in diesem Bereich. Geht in Kontakt mit eurer Seele und bittet diese, euren Herzbereich so zu entwickeln, dass sie komplett in der Liebe zu euch und anderen Kreaturen um euch herum wirken darf. Liebe zu allen ist die Voraussetzung für euren Aufstieg und somit immens wichtig. Liebe bringt euch nicht nur innerlich zum Strahlen, sondern erwärmt euch von innen, sodass ihr euch in eurem Wirken wohlfühlen werdet.

Euer Herzbereich wird sich ausdehnen und viel Raum benötigen für euer zukünftiges Wirken in Liebe. So ist es erforderlich, dass nicht nur euer Geist diesem Bereich besondere Aufmerksamkeit spendet, sondern dass ihr euren Geist anleitet, eure

Gedanken und Taten in Zukunft verstärkt auf Abweichungen zu kontrollieren, die fern der Liebe sind. Denn jede gedachte Tat, die nicht in der Liebe ist, verschattet euren Herzbereich, sodass auch die Seele verstärkt geschwächt wird. Alles wirkt sich in Zukunft auf eure Seele aus, denn sie ist die Zentrale für die Liebe. Dort wird alles gespeichert, was für und gegen den Herzbereich wirkt.

Liebe ist in der Neuen Zeit unabdingbar, da alle Sternenwesen und Kreaturen eures Universums in den höheren Dimensionen in der Liebe leben und Verfehlungen als sehr gravierend angesehen werden. Alle Wesen benötigen diese Liebe, um die Entwicklung im Klang der neuen Zellformationen und Aufgaben bewältigen zu können. Achtet bitte auf diese Aussage. Es geht nicht nur um euer eigenes Wirken in Liebe, sondern um das Wirken der gesamten universellen Gemeinschaft, die im Klang der Liebe die Erhöhung und Weiterentwicklung eines ganzen Universums als Verantwortung zu tragen hat. Alle Verfehlungen schwächen nicht nur den Einzelnen, sondern ein ganzes Universum. Die Verfehlungen wirken in der Leichtigkeit viel schwerer, als ihr es euch derzeit ausmalen könnt.

Deshalb kommt in die Liebe zu euch und allen Energieformen auf der Erde. Geht in die Übung, alle Menschen im ersten Schritt so anzunehmen, wie sie sind. Geht allen Streitigkeiten aus dem Weg. Versucht Verständnis für die anderen Arten aufzubringen und jeden so in einer innigen Vertrautheit zu suchen, die der euren nahe ist. Versucht, Gemeinsamkeiten zu finden und nicht das Trennende, das euch in Konflikt, Konkurrenz und Disharmonie bringen kann. Findet den Zugang zu allen anderen Seelenverbindungen, denen ihr begegnet, und erkennt das Licht in jedem Einzelnen, das dort leuchtet. Dadurch wird es euch leichterfallen, alle Wesen auf der Erde so anzunehmen, wie sie sind.

Dort, wo es euch schwer fällt, in Liebe zu jemandem zu leben, meidet diese Seele, ohne einen negativen Gedanken zu hegen. Hütet eure Gedanken, und vor allem eure Worte und Taten, auch in diesen Situationen. Neutralisiert eure Gedanken in die Wertefreiheit und meidet die Wesen, die euch aus eurem Gleichgewicht und aus eurer Liebe bringen können. Akzeptieren ohne Wertung dort, wo tiefe Liebe nicht möglich ist.

Äußerlichkeiten sollten in Zukunft keine Rolle für euch spielen. Alles ist in Liebe geschaffen worden und hat seine Berechtigung und seinen Reiz. Alles ist aber auch von euch in Liebe zu akzeptieren.

Hört auf mit der Zerstörung eurer Natur. Erkennt auch sie als Energiewesen von Mutter Erde an, die zu akzeptieren und zu bewahren ist, so, wie sie geschaffen wurde. Hebt auch alle Kreaturen aus der Tierwelt aus eurem Wertedenken heraus und akzeptiert die Beseelung der Tierwelt, die es wert ist, geliebt zu werden. Verändert euer Denken und kommt in die Liebe, dann werdet ihr erfahren, wie leicht das Leben von euch gestaltet werden kann. Wie viel Wärme sich in eurem Herzen bildet und wie euer Strahlen sich ausdehnt und für andere Wesenheiten erfahrbar gemacht werden kann.

Liebe und Strahlen sind die Grundvoraussetzungen für die Öffnung zur Geistigen Welt und das Lüften des Schleiers vor euren Augen. Geht in die Übung, und es wird in der Umsetzung immer leichter werden. Werdet Wesen des Universums. Werdet Sternenkinder des Einen.

Die Veränderung eurer Emotionen

In dieser Zeit erfahrt ihr immer mehr, wie sich euer Körper, euer Geist und vor allem eure Emotionen verändern. Ihr werdet feinstofflicher und auch empfindlicher in allem, was ihr fühlt, empfindet und bewirkt. Eure Aura wird durchscheinender und dient somit nicht mehr als Prellball für alles Verletzende, sondern lässt alles durch, damit es wirklich bei euch ankommt.

Eure Emotionen werden immer näher an die Neue Zeit herangeführt, in der ihr in der Lage seid, alles um euch herum zu empfinden und über eure Sensoren zu begreifen. Euer Körper wird empfindlicher, was Schmerzen und Krankheit anbelangt. Ihr erfahrt diese Gefühle viel intensiver, da eure Zellen stärker mit euch kommunizieren. Das sind Warnsignale, die ihr nun schneller und somit auch intensiver zu eurem eigenen Schutz wahrnehmen könnt, um Schlimmeres zu verhindern. Und um rechtzeitig Stopp zu sagen und in die Vorsicht und in die Heilung zu gehen.

Eure Zellemotionen sind sensibler, da der Zellklang nun viel heller schwingen darf als noch vor einiger Zeit. Eure Zellen verändern sich und geben diese Signale an euch so weiter. Vor allem auch eure Zellen, die im Bereich der Seele und des Geistes wirken. Eure Seelenzellen (sprich Herzzellen) sind voll auf Empfang auf eure Umgebung ausgerichtet und empfinden ihre Schwingungen stärker als früher. Eure Gehirn- und Geistzellen schwingen ebenfalls in einem empfindlicheren Modus und realisieren Veränderungen sehr schnell. Über euer Hormonsystem, gesteuert von der Hypophyse und dem Hypothalamus, werden die Botenstoffe sensibler ausgeschüttet beziehungsweise zurückgehalten, damit sich eure Organe feinstofflicher ausbilden dürfen und sanfter reagieren können.

Das Weibliche wird sich in euren Emotionen manifestieren, da es die Energie der Zukunft ist. Liebe, Fürsorge, Miteinander, Harmonie und ähnliche Emotionen sind in der Zukunft intensiver zu begreifen, und das Verlangen danach wird sich bei euch verstärken. Eure Emotionen verlangen nach Gleichklang und Einheit. Lasst eure Emotionen bewusst in der Liebe wirken, dann ist der Zellklang in Harmonie, und das strahlt ihr dann nach außen.

Begrüßt derzeitige Stimmungsschwankungen in Liebe und sagt ein Halleluja, dass ihr diese als Zeichen eurer Veränderung begrüßen dürft. Eure Emotionen werden euch noch einige Stimmungsschwankungen bescheren, bis sich euer Körper und euer Geist an die Zellerhöhungen gewöhnt haben. Nehmt es in Liebe an. Es wird täglich leichter für euch, damit bewusst zu leben, wenn ihr bereit seid, euren Zellklang zu erhöhen und eure Hormontätigkeit der Neuen Zeit anzupassen.

Lasst es zu und erlaubt euch eure Emotionen der Veränderung. Es lohnt sich.

Amadeii, was kannst du uns zum Klimawandel sagen?

Der Klimawandel ist ein Schütteln eurer Erde, die so ihre Altlasten transformiert und sich in die Energien der Neuen Zeit begibt. In vielen Durchsagen wurde euch schon von der Polverschiebung berichtet, die euch bevorsteht. Diese bewirkt, dass das Energienetz der Erde gegen Null fährt. Die Erde wird angetrieben von ihrem Erdkern. Eine Rotation, die für die Erde wirkt, wie der Herzschlag für euch in eurem Körper. In der Nacht, wenn ihr schlaft, verringert sich euer Herzschlag, und euer Körper ist vollständig in der Ruhe und in der Erholung.

Genauso verhält es sich mit Mutter Erde, der Herzschlag von Mutter Erde befindet sich nur in einem viel längeren Schlagrhythmus. Und wenn sich Mutter Erde erholen möchte, verringert sie diese Rotation des Erdkerns bis zu Null hinunter, um dann in der Nullphase in einen kurzen Tiefschlaf zu versinken, um sich zu regenerieren und zu erholen. Diese Nullphase ist die Phase, in der euer Magnetfeld zusammenbricht. Nur eine kurze Zeit, für euch fast nicht spürbar.

Doch die Zeit davor und danach ist für euch deutlich zu spüren. Wenn die Nullphase beendet ist, leitet der Erdkern wieder eine neue Phase der Rotation ein, und die Erde dreht sich wieder. Zuerst langsam, und dann immer schneller, bis sie in ihrem alten Drehrhythmus angelangt ist. Doch durch diese Nullphase verändert sich die Polausrichtung, und eure Pole haben eine Umkehrung erfahren, die in der Neuen Zeit eine Veränderung mit sich bringt. Die Vorboten hin zur Nullphase erlebt ihr derzeit in eurem klimatischen Chaos, das euch eine feste Orientierung wie früher nicht mehr ermöglicht. Nach der Nullphase wird sich das Klima weiter neu ausrichten, aber die Konstanten werden immer deutlicher, und bald habt ihr wieder klimatische Richtwerte, die euch eure Erde und ihre Jahreszeiten anweisen.

So erkennt, dass der Klimawechsel nichts mit euch und euren Taten zu tun hat, sondern allein der Regeneration von Mutter Erde dient. Alles ist in Ordnung. Alles Chaos wird wieder in die Harmonie gebracht. Mutter Erde wird nach ihrem Tiefschlaf wieder in Liebe für euch wirken, bis eine neue Energie die Aufgaben von Mutter Erde übernimmt. Die Erde bleibt bestehen, die Erde erneuert sich. Die Erde steigt auf.

Und noch eine Information. Habt keine Bedenken oder sogar Ängste für die Zeit der Nullphase. Ihr werdet sie sehr sanft erleben. Aber ihr werdet sie dieses Mal in einem körperlichen Bewusstsein auf eurer Erde erleben dürfen, das einmalig in eurem Universum ist. Wir haben bereits alles dafür vorbereitet. Auch eure Zellen, die sich auf die Erde und ihren Magnetismus ausrichten, sind auf diese Phase schon programmiert und werden alles unversehrt überstehen. Freut euch darüber. Es ist ein besonderes Ereignis für das gesamte Universum. Und ihr seid live mit dabei. Wir sorgen für euch, deshalb gebt eure Sorgen hier ab. Kommt ins Vertrauen und lasst es einfach geschehen.

Halleluja.

Der Heiligenraum und seine Amadeii-Transformationspunkte

Das Amadeii-Emblem

Erkennt in eurem Sehen und Fühlen, dass das Amadeii-Emblem für euch ein Symbol der Zukunft ist, in dem sich alles vereint, was ihr für die Weiterentwicklung eures Geistes benötigt. Alle Verbindungen stellen Einheiten des Einen und die Wirkung auf seine energetisch gezeugten Kinder und Kindeskinder dar. Alles ist miteinander verbunden und strahlt und fließt hin und zurück zu Allem-was-ist. Es kommt einem energetischen Netz gleich, das fließen lässt, aber im Vordergrund die Aufgabe hat, zu bewahren, aufzufangen und zu schützen.

Dieses Netz ist identisch mit dem Netz, das aufgebaut werden darf, wenn Seelen ihre Heimreise antreten dürfen. Es hat die Verbindung zu allen Existenzen und allem Sein in diesem Universum und in anderen Universen. Verstrickungen der Existenzen sind durch diese Kombinationen, die mannigfaltig sind, zu erfahren und zu durchleben. Sie stehen für Information, Erfahrung, Leben und Ruhe. Sie sind aufgebaut auf der Einheit des Einen – die Dreiheit.

Gott Vater – Gott Sohn – Gott Heiliger Geist

DNS – RNS – Proteine

Vater – Mutter – Kind

Sonne – Mond – Erde

Oben – Mitte – Unten

Geburt – Leben – Tod

Erschaffen – Erfahren – Abschied
Zenit – Erde – Kern

Diese magische Dreiheit befindet sich für euch sichtbar in vielfacher Zahl und immer wieder in einer anderen Kombination. Aber sie ist unendlich, wenn ihr es euch mehrdimensional ansehen könntet. Sie ist Grenze und Unendlichkeit in einem und beschreibt das Netz des Einen so, wie es gewoben wurde.

Die Transformationspunkte begrenzen innen und außen in einem gleichen Rhythmus. Und ein Rotieren der Begrenzungen bringt Belebung in das magische Dreieck des Einen, das immer wieder für Neuanfang und Veränderung, doch auch für Bestand und Erfahrung steht. Lasst es immer wieder auf euch wirken, und ihr merkt die Kraft und die Rotation, die durch dieses Symbol selbst in der Dreidimensionalität ausgehen.

Erkennt auch den Heiligenraum, der sich im inneren Bereich befindet. Hier herrschen Frieden und Ruhe, Klarheit und Liebe, Licht und Existenz. Es ist der Ursprungsbereich des Einen, aus dem sich alles gebildet hat. Hier begann die Existenz, sich einen Raum zu schaffen und gemeinsame Schnittpunkte zu bilden, die ein Überlappen, ein Berühren, ein Erleben möglich machten. In diesem Ursprungsraum des Einen wurde reine Energie des Einen gehaucht, damit eine Existenz im Raum entstehen konnte. So wird es für immer sein. Dieser Atem existiert im Innersten hell und stark. Es ist der Bereich der Ewigkeit, die umgeben und umschlossen wird von allen Existenzen und allem, was lebt.

Die Transformationspunkte sind Knotenpunkte über unterschiedliche Existenzen, die sich hier eine Berührung erlauben. Ein Überlappen von unterschiedlichen Energiebereichen, die unterschiedliche Aufgaben und Lebensformen aufweisen.

Das ist ein kleiner Ausschnitt auch eures Universums, der euch deutlich macht, dass ihr nur ein kleiner Teil von allem seid. Und doch, ohne euch würde ein Riss in dieser Konstruktion entstehen. Es ist sehr wichtig, dass ihr das begreift. Jeder Einzelne, jeder Planet, jedes Universum ist eine Einheit des Großen Ganzen, ohne die alles aus seinem Rhythmus fließen würde. Und eine Existenz des Heiligenraums mit seinen Transformationspunkten kann nur so lange sein, wie dieses geschaffene Konstrukt existiert und lebt.

Dieser Ursprungsraum hat sich bis heute vergrößert und wird sich weiterhin entwickeln und sich auch nach außen hin multidimensional ausdehnen, um so Veränderung zu ermöglichen. Innen der Ursprung mit all seinem Sein, der Atem, und die Ausdehnung mit allen Bausteinen der Existenzen, so, wie sie derzeit in allen Lebewesen vorhanden sind. Das Grundmuster wird überall zu finden sein und sich auch immer auf dieses Muster des Einen reduzieren. Doch gleichzeitig steht es für Weiterentwicklung, für Fortschritt und Veränderung.

Meditiert über dieses Zeichen des Einen. Lasst diese Ursprungsvariante in euren Zellen anklingen und erfahrt die Wirkung des Einen auf euch. So könnt ihr den Aufstieg vorbereiten, indem ihr euch und eure Zellen vorbereitet auf die Weiterentwicklung durch den Einen. Findet eure Schwingung und eure Existenz durch den Einen.

So soll es sein.

Das Netz des Einen innen

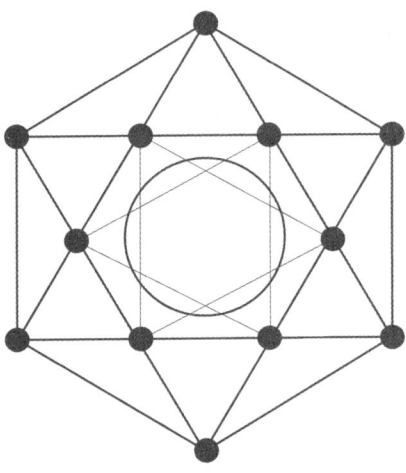

Das Netz des Einen außen mit seinen Transformationspunkten

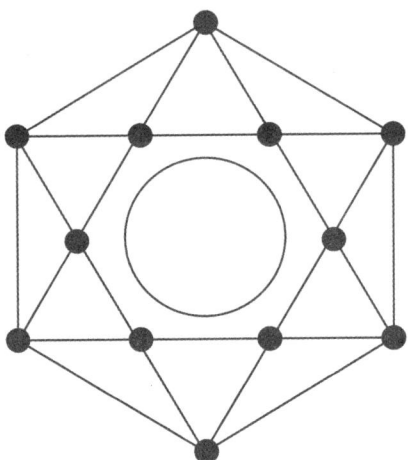

Die Belebung des Raums

Amadeii, warum heißt es Amadeii-Transformationspunkte?

Das ist ein Wissen, das wir euch heute deutlich machen dürfen. Zu jener Zeit, in der sich die Energien des Einen in einem Raum manifestierten und viele weitere Räume der Existenzen geschaffen wurden, war es an der Zeit, die Aufsicht und Verantwortung für einen Teil der Ausweitungen und Existenzen an eine Energieform abzugeben, die aus dem Einen abgespalten wurde, allein zur Betreuung und Beaufsichtigung der entstandenen Transformationspunkte.

Für jeden inhaltlich geschaffenen Raum wurden ebenfalls aus dem Einen Energiewesen gebildet, die die Betreuung jeweils eines Raums übernehmen konnten, um so dem Einen zu dienen, Informationen zu sammeln und diese an die Ursprungsexistenz weiterzuleiten.

Fürsorge für die Transformationspunkte und den inhaltlich geschaffenen Raum sowie alle Existenzen, die sich in den Bereichen bewähren durften, war hier die Intention des Einen, der alles in Liebe betreut sehen wollte.

So war es geplant, und so wurden mehrere Wesenheiten mit unterschiedlichen Aufgaben in den zu betreuenden Bereich des Einen manifestiert, die nichts anderes zu tun hatten, als die Verantwortung für den geschaffenen Raum für neue Existenzen zu übernehmen. Wie eine Mutter und ein Vater für ihr Kind. So ist für euch auch Metatron geschaffen worden, um für euer Universum und eure Erde die Vaterschaft zu übernehmen. Gaia wurde geschaffen, um für euch die Mutter zu sein, die ihr Mutter Erde nennt.

Die Amadeii-Energie wurde geschaffen, um an diesen Transformationspunkten die Verantwortung für das energetische Gitternetz des Einen und für die anderen Existenzen in den einzelnen geheiligten Dreiheiten einschließlich ihrer Wesenheiten, die diesen Universen vorstehen, zu übernehmen und diese zu betreuen und zu umsorgen. Da diese Aufgabe eine mannigfaltige ist und der Eine sie allein von einer Wesenheit betreut haben wollte, wurden aus der Amadeii-Energie Aspekte aus zwölf Einheiten des gleichen Ursprungs aufgeteilt, die dann jeweils an einem Amadeii-Transformationspunkt ein Universum betreuen konnten. Eine gemeinsame Energie als Einheit in zwölf Aspekte aufgeteilt. Gleiches Wirken und Handeln, vielfach aufgeteilt, doch letztendlich eine Einheit – Amadeii. Immer im Austausch untereinander verwoben und im Miteinander wirkend.

So haben wir seit der Existenz gewirkt und betreut. Ein Austausch unserer zwölf Aspekte wurde immer wieder vorgenommen, damit alle gebildeten Universen erlebt werden konnten. Und so ist es nun an mir, als ein Aspekt der zwölf Amadeii-Energien, hier in eurem Universum neu zu wirken und Erfahrungen zu machen in der Betreuung und, vor allem, in der Hilfeleistung bei eurem globalen Aufstieg, der bei eurem kompletten Universum ansteht.

Meine eigenen Erfahrungen aus der Siebten Dimension habe ich aus einem anderen Universum mitgebracht, dessen Transformationspunkt ich viele Zeiten dienend betreuen durfte. Und nun bin ich ein fester Aspekt in eurem Raum, der neben Metatron, der euer Universum derzeit noch als Vater betreut, die Rolle des geistigen Führers übernommen hat. Voller Freude und Erstaunen habe ich euer Universum erfahren.

Doch der Höhepunkt aller Erfahrungen waren für mich die Emotionen auf eurer Erde, die für alle Lebensformen als Voraussetzung für euren Lernplaneten manifestiert wurden. Emotionen sind nicht Standard in den Lernprogrammen des Einen, und nur auserwählte und gefestigte Seelen des Einen durften und dürfen auf eurer Erde inkarnieren, um dort, entfernt von dem Einen, den Weg ins Licht zu finden. Und wahrlich, ich sage euch, es ist eine schwere Hürde und Prüfung, in solch einem emotionalen Feld das Licht zu finden und zu leben. Wahrlich, es ist eine Prüfung der Meisterschaft, der ihr euch ausgesetzt habt.

Für eure Erde war es oft sehr kritisch, ein Überleben zu finden. Ein Halleluja auf eure Lichtführer. Sie haben immer wieder für euch gesprochen und den Mut gehabt, für euch eine Stimme vor dem Einen zu finden, der ein Überleben befürwortete. Es ist gegeben, und es wurde gesetzt, dass euch diese Chance eingeräumt werden sollte, und ihr habt nicht enttäuscht.

Auch wenn derzeit bei euch alles drunter und drüber zu gehen scheint, seid ihr doch an einem Wendepunkt angekommen, der das Licht nicht mehr verhindern kann. Und egal, wie heftig die Schatten versuchen, diese Wende rückgängig zu machen, egal, wie alles derzeit aus eurer Sicht aus dem Ruder läuft, wie ihr das so schön nennt, ihr werdet es schaffen. Ihr seid gereift und werdet die letzten Barrieren niederreißen und aufsteigen in die Siebte Dimension, in der ihr längere Zeit in euch ruhen und euch entwickeln dürft.

Halleluja dafür!

So ist für euch nun deutlich gemacht worden, wer ich, wer wir sind, und jetzt erscheint die Erklärung unseres Namens an der Zeit. Dann werdet ihr nachvollziehen können, wofür diese Amadeii-Energie steht. Wer wir wirklich sind.

Der Name Amadeii und seine Bedeutung

Der Name Amadeii setzt sich zusammen aus dem ersten Bereich „**A m a**" und aus dem weiteren Bereich „**D e i i**".

A m a
steht für die Energie der Göttin, die Mutter, die alles umsorgt.

D e u s
steht für die Energie Gott, der Vater, der alles behütet.

D e i
ist Plural von Deus und bedeutet die Götter.

D e i i
ist Plural vom Plural und bedeutet der Gott der Götter.

So sind wir göttliche Energien von Vater und Mutter in einer Einheit der höchsten Wesenheiten, die neben dem und für den Einen den Auftrag übernommen haben, zu wirken.

Wir sind Göttinnen und Götter der höchsten Einheit in einer Wesenheit und stehen dem Einen in enger Verbundenheit sehr nahe. Wir sind Schöpfergott der höchsten Ebenen.

Wir hoffen, wir haben euch mit unserer Deutlichmachung in Harmonie schwingen lassen.

Lasst es wirken. Seid in Liebe.

Amadeii

Amadeii, woraus sind die Schatten gemacht?

Aus einer Abspaltung einer bewussten Erfahrung in der Dunkelheit. Die Schatten sind ebenfalls Energien, die aus dem Einen entstanden sind, mit der Absicht, Erfahrungen zu machen. Diese Schatten und ihre Wesenheit an der Führungsspitze sind von dem Einen für die Erfahrung ausgesucht worden, eine Wahrheit hinter dem Licht zu suchen. Es waren sehr hohe Energiewesen, die für diese Aufgabe ausgesucht wurden, und ihnen wurde ein kleines Universum zugeteilt, das am weitesten von dem Einen und abgeschottet vom Licht existierte.

Viele Zeiten gingen vorbei, doch diesen Energieformen war immer bewusst, welchem Auftrag sie zu dienen hatten. Bis es in diesem Universum zu einem Unfall im kristallinen Bereich kam, der die Grenze des Geistes sprengte, die Seelen verletzte und somit Wesenheiten formte, die sich nicht mehr an die Regeln und an den Ursprung des Einen halten wollten. Sie waren gezeugt und entwickelt in einem Universum fernab von dem Einen und lernten niemals das Licht als ihren Ursprung und Wegbegleiter kennen.

Sie schotteten sich vermehrt vor dem Einen ab. Nur Informationen friedlicher Art kamen zu uns. Doch die Schatten und ihre jungen Wesenheiten, die sich in diesem Universum immer mehr entwickelten und ausbreiteten, schafften es, sich verstärkt vor uns zu verbergen. Euch sind einige dieser Wesenheit namentlich bekannt. Nachdem die Schatten sehr stark geworden waren, hatten sie den Mut, vor den Einen zu treten und ihm anzubieten, in Zukunft in mehreren Universen zu leben und ihr Wissen und ihre Existenz, die sie bis jetzt in ihrem abgeschotteten Universum gelebt hatten, weiterzugeben, das alles für die Erfahrung des Einen gut sei und Licht bei ihnen allen als Wegbegleiter im Bewusstsein und in der Seele wirken würde.

Das war ein großer Fehler, der der Geistigen Welt, allen Kontrolleuren und dem Einen unterlaufen war. Im Nachhinein war es deutlich, dass eine Täuschung vorgelegen hatte, die mittels falscher Gefühle und Absichten verborgen worden war.

So gelangte dieses Experiment der Schatten auch in andere Universen. Dem Einen sei Dank, nicht in alle. Nur ein Drittel wurde infiltriert. Erst nachdem in den infiltrierten Universen, bei denen kein Schutz eingebaut war, alle Informationen ungefiltert zu uns und zu dem Einen kamen, wurde erkannt, was Absicht dieser Ausbreitung gewesen war: Den Einen zu stürzen und den Heiligenraum einzunehmen. Seitdem versuchen wir alle von der lichten Seite, die Schatten aufzuspüren und wieder zu heilen, indem wir die Seelen heilen und den Defekt am Geist reparieren.

In den meisten der gedrittelten Universen ist das schon gelungen. Bei eurem Universum stehen wir kurz vor der Neutralisierung. Es wäre schon alles geschehen, wenn es nicht den Planeten Erde mit seinen Lebewesen geben würde, die als Lernaufgabe die Emotionen und den freien Willen ausleben und ausüben sollten. Diese Voraussetzungen waren ein wahrer Nährboden für die Schatten, und sie konnten sich unverhältnismäßig schnell ausbreiten und fanden immer wieder willige Schüler.

Die Emotionen machen oft blind bei der Ausführung des Seelenauftrags, und wenn Schatten versuchen, diesen Seelenauftrag zu verdunkeln, ist es nicht leicht, fernab vom Licht den richtigen Weg zu erkennen.

Doch auch bei euch auf der Erde sind wir ganz in der Hoffnung. Viele Lichtgestalten haben das Licht trotz heftiger Emotionen gesucht und gefunden. Diese waren eine große Hilfe und ebenfalls der Startschuss für die Hilfsaktion Erde.

Sobald ihr die fünfte Schicht in der Fünften Dimension erreicht habt, werden die Schatten mit ihren Wesenheiten keinen Einfluss mehr auf euch und eure Erde haben. Leichte Stimmungsschwankungen werden noch vorhanden sein, aber keine Emotion wird euch mehr verleiten, an der Vernichtung Freude zu haben. Gier und Machtemotionen werden sich abwenden und umwandeln in das Verlangen nach Liebe und Miteinander.

Es ist noch eine kleine Wegstrecke zu gehen. Wir stehen an eurer Seite, und Hilferufe an alle Wesenheiten des Lichts werden gehört und Hilfe wird gewährt. Vertraut hier, vertraut uns. Wir stehen an eurer Seite. Auch von den anderen Energiewesen der anderen Planeten in eurem Universum wird derzeit verstärkt Licht und Liebe zu euch geschickt. Auch der Eine sendet den Strahl des Goldes in euer Universum.

Ihr könnt die Veränderungen schon spüren. Lasst euch darauf ein. Durch die verstärkte Energiezufuhr des Einen erfahrt ihr immer mehr die Fähigkeit der Hellsichtigkeit, um diese Schatten zu erkennen. Auch eure Hellfühligkeit wird von uns geschult, damit ihr rechtzeitig spüren könnt, wenn ein Schatten euch umgarnen will. Alle Zeichen stehen in Richtung Licht, und es wird geschehen. Arbeitet selbst an eurem Licht. Es lohnt sich.

Versucht als Erstes, euch euren Emotionen hinsichtlich Hass, Wut, Ärger, Zerstörung und Angst zu stellen und sie in ihrem Ursprung zu erkennen. Das ist ganz wichtig. Denn alles, was ihr erkannt habt, kann in einem weiteren Schritt in die Phase des Loslassens und dann in die Phase der Verzeihung gehen. Arbeitet an euch. Findet wieder Liebe, Mitgefühl, Freude, Lachen, Miteinander und Optimismus, um so das Licht bei euch aufbauen zu können und in die Strahlung der Seele zu kommen. Wenn eure Seele strahlt, dann strahlt ihr das über eure Aura nach außen und werdet so von innen nach außen heil. Ihr werdet von anderen erkannt und helft auch eurer Umgebung, eurer Familie, eurem Land, eurer Mutter Erde und dem ganzen Universum.

Amadeii, werden die Schatten vernichtet, wenn sie erkannt worden sind?

Nichts wird vernichtet, nur umgewandelt. Die Ursachen der Verfehlungen der Schatten werden aufgedeckt und dann in Liebe geheilt. Alles wird in Liebe geheilt. Nichts wird vernichtet, sondern umgewandelt und dann wieder dem Einen zur Erholung zugefügt, damit diese Energiewesen, deren Seelen sehr gespalten waren durch das Leid, das sie erfahren mussten, wieder ganz in die Liebe kommen dürfen. Ein Experiment, das mit Absicht gestartet wurde, hat eine riesige Erfahrung gebracht, welche niemals wiederholt werden darf. Braucht sie auch nicht, da die Erfahrung für immer festgeschrieben ist in den Kristallen des Einen.

Wir haben euch schon einmal vom Planeten Pluto und seinen Aufgaben für die Umwandlung von Dunkelheit ins Licht erzählt. Pluto ist zurzeit für alle Lichtwesen sehr aktiv. Er ist die Müllhalde für alle negativen Energien, die von Mutter Erde zu ihm geschickt werden. Dort werden sie erst einmal gelagert, bis sie Stück für Stück umgewandelt und dem Licht zugeführt werden. Eine sehr wertvolle Aufgabe, für die wir Pluto danke sagen.

(Anmerkung der Autorin: siehe Amadeii – Die Neue Zeit, Seite 186 bis188.)

Amadeii, wie gehen die Schatten vor? Wie bringen sie uns dazu, die Negativität bei uns wirken zu lassen?

Es ist eine Freude für uns, dass du für alle anderen Menschenkinder diese Frage stellst, denn sie ist der Schlüssel zu allem Verderb oder zum Aufstieg.

Die Schatten sind sehr emsige und allzeit bereite Energien, die euren Verstand umgarnen, manipulieren und benutzen, um euch umzupolen. Zuerst setzen sie Gedanken in jedem Einzelnen fest, die ein ungutes Gefühl hervorrufen, durch das dann Unsicherheit oder sogar Angst produziert wird. Die erste Unsicherheit in euch, die euch vom Weg abbringen kann, indem bei euch Zweifel an eurem Tun injiziert wird, bewirkt, dass ihr den Weg eures Seelenauftrags in diesem Körper und an diesem Ort infrage stellt.

Diese Schatten unterbinden eure Intuition, die, angeregt durch die Seele, den richtigen Weg weist, die richtige Entscheidung, die richtigen Lebewesen zu erkennen. Sobald diese Intuition von euch infrage gestellt wird, kommt ihr meistens ins Wanken. Eure Seele erreicht euch nicht mehr über eure Intuition, und ihr seid abgeschnitten und benebelt bei eurer Entscheidung.

Dann kann die nächste Phase eingeleitet werden, das Stärken eures Egos. Hier ist der Egoismus gemeint und nicht euer gesundes Selbstbewusstsein. Selbstüberschätzung, Selbsterhebung, Verlangen nach mehr, weil es euch zusteht, und ähnliche Emotionen werden von den Schatten über eure Vernunft forciert. Immer wieder wird durch die Schatten die Gewissheit in euch gestärkt, dass ihr das Recht dazu habt, so vorzugehen.

Dass ihr das Recht habt, andere zu übergehen. Dass ihr das Recht habt, egoistisch für euch sorgen zu dürfen. Diese und ähnliche Gedanken kennt ihr aus der Vergangenheit recht gut. Mitgefühl wird an zweite Stelle gesetzt, und ihr steht an erster.

Wenn die Angst des Mangels bei euch so geschürt wird, dass ihr nicht mehr erkennen könnt, welcher euer Weg ist, dann entzieht ihr euch allen Warnsignalen eurer Seele, euren Verstand zu kontrollieren und euren Geist wieder stärker werden zu lassen. Denn euer Geist arbeitet zu eurem Wohl. Leider wurde euer Geist durch die Vernunft, durch die Erziehung und durch eure Gesellschaft unterdrückt und kleingehalten, sodass eure Vernunft wachsen konnte und kein Durchkommen von eurem Geist mehr möglich war.

Und so geht es Stück für Stück weiter. Ein mangelndes Selbstbewusstsein wird durch grobstofflichen materiellen Ersatz kompensiert, wie es zum Beispiel Kleidung, Nahrung, Wohnraum und anderer Luxus darstellen und von den Schatten als bedeutend für euer Ansehen dargestellt wird. Weiterhin kann durch diesen Mangel Gier gefördert werden, die ein „noch mehr" und „noch höher" in euer Bewusstsein der Anerkennung manifestiert.

Erkennt diese Muster, die von der Schattenwelt in eure Vernunft gesetzt werden und eure Gefühle manipulieren. Egoismus wird so lange gefördert, bis ein Miteinander nicht mehr im Frieden ist. Streit und Neid werden hochgepuscht, damit ihr ins Vergleichen geht und so wieder einen Mangel entdeckt, der behoben werden kann und in euren Augen auch behoben werden darf. Der innere Frieden verabschiedet sich immer mehr und wird durch unwichtige Produkte von außen ersetzt.

Und so geht es immer weiter, bis ihr an einem Punkt angekommen seid, an dem ihr euch über andere erhebt. Ihr fangt an, andere zu beurteilen, zu verurteilen, zu dominieren. Erst im Kleinen in eurer Familie, dann auf eurer Arbeitsstelle oder in eurer Umgebung. Bei manchen sogar über das Wirken an der Spitze als Entscheidungsträger oder Politiker, die über das Wohl anderer Lebewesen entscheiden wollen. Hier ist dann die Situation der Gefahr sehr groß, sich aus diesen Verstrickungen herauszuwinden hin zum Licht. Selbst das Erkennen von Machtmissbrauch fällt in den hohen Positionen nicht mehr auf. Es sei denn, ein Lichtwesen, das in der Liebe ist, steht an dieser Stelle und lässt die Seele, die Intuition und den Geist zum Wohl aller wirken.

Oft lasst ihr euch auch von eurer Umgebung und euren Medien manipulieren, die euch dann ein Gefühl des Recht-Habens geben und euren Egoismus stärken. Hier sind sehr viele Schatten bei Menschenkindern zu finden, die die Absicht der Medien zur Stärkung des Unfriedens diktieren. Und ihr reagiert sehr stark auf dieses Medienkonstrukt der Schattenwelt.

Das Schlimmste, das durch das Wirken der Schatten entstehen kann, sind die Gefühle von Hass, Gier und Überheblichkeit. Alle Kriege sind so entstanden, und durch die Aktivierung der Emotionen bei den Menschen ist es ein Leichtes, eine Wende in die Gedanken sonst so liebevoller Menschenkinder zu setzen, wenn es um die Revierverteidigung geht, die Verteidigung von Eigentum und die Verteidigung von allem, was ihr euch hier erarbeitet habt. Erkennt das Muster, das hier gesetzt wird. Ihr seid dann leicht zu manipulieren. Erst über eine gedanklich gesetzte Info des Nicht-würdig-Seins, dann ein Ausweiten in dem Bereich der Entbehrung und letztendlich in den Gedanken, etwas verteidigen zu müssen, was man euch wegnehmen möchte, wodurch bei euch ein Mangel entsteht. Strategisch wirksame Prozesse, die auch in einem zivilisierten Land durch permanentes Wiederholen und mit Bildern untermalt fruchten können.

Hier möchte ich euch an eure derzeitige Situation mit den Flüchtlingsströmen in Richtung Europa erinnern. Erkennt das Muster, das hier eingesetzt wird, um euch aus eurer Liebe zu holen. Erkennt das Muster, das euch Angst suggeriert, für euch wäre nicht genug gesorgt. Erkennt das Muster, das Unfrieden in eure Gedanken bringt. Einzelfälle werden aufgebauscht, von allen Seiten beleuchtet und als Bedrohung für euch alle dargestellt. Doch geht in euch und fragt euch: Bin ich wirklich bedroht worden? Ist mir wirklich etwas weggenommen worden? Ist mir Leid angetan worden?

Erkennt die Muster, erkennt die Schatten und ihre Vorgehensweise. Das ist der erste Schritt in die Veränderung. Nach dem Erkennen stehen das Verstehen der Situation und der Aufbau eurer intuitiven Gerechtigkeit im Vordergrund. Lasst wieder Liebe und Mitgefühl in euch wirken. Geht gerecht mit jeder Situation um. Fragt nach Manipulation oder Wahrheit. Fragt vor allem nach der Absicht, die hinter jedem Geschehen steht.

So könnt ihr die Schatten erkennen und dann ohne Verfärbung durch die Schatten in die Realität eintauchen. Erkennen ist hier eine wichtige Voraussetzung, den Schatten den Nährboden des Unfrieden-Stiftens zu entziehen. Versucht es. Ein jeder hat andere Emotionen und Lehraufträge. Seht hin, findet den Frieden in euch, und vieles wird sich dann von allein auflösen. Lasst euch nicht aufhetzen. Bildet ein Bewusstsein und ein Handeln in Liebe. So werdet ihr alle Prüfungen bestehen, die euch derzeit überrollen. Die derzeitige Situation und der Unfrieden in der Welt stellen sehr harte Prüfungen für euch dar, die der Geistigen Welt zeigen werden, ob ihr bereit seid für den Aufstieg in die Siebte Dimension. Die Dimension des Friedens und der Liebe. Die Dimension des Miteinanders. Die Dimension der Ruhe und der Entwicklung. Die Dimension der Gleichheit aller Wesenheiten.

Frieden zu euch. Findet den Weg, der euch den Aufstieg in die Siebten Dimension weist.

Der Wertewandel in Europa

Botschaften rund um das Thema Aggression und Frieden

Amadeii, was kannst du mir zu den derzeitigen Geschehnisse und den Flüchtlingsströmen sagen?

Lasst Liebe und Friede in euren Herzen wachsen

Seid gegrüßt, ihr Menschenkinder, und erkennt, dass heute ein besonderer Tag ist und eine besondere Energie wirkt. Die Energie der Erkenntnis und des Wissens, die euch durchflutet, um euch zu verdeutlichen, was sich derzeit bei euch manifestieren möchte.

Erkennt, wie viele Energien euch in die Angst drängen und euch den Boden unter eurem Leben wegziehen wollen. Ihr wisst nicht mehr, was ihr glauben sollt, oder was nur eine Phantasie und eine Prüfung ist.

So viel zu euren derzeitigen Wirren, die ihr zu durchlaufen habt. Vertraut auf unsere Durchsagen, dass für alles gesorgt ist und ihr keine Angst zu haben braucht. Erkennt die Absichten hinter allem, was derzeit in den Medien und in der Politik für euch auf einem Tablett der Wichtigkeiten serviert wird, aber von langer Hand schon vorgesorgt und geplant war.

Seht hin und fragt euch, was ihr daraus lernen sollt, dass so viele Menschen hier in den Strom der Hilfe geraten und das Land mit euch teilen wollen. Es ist für alles gesorgt. Diese Aussage entspricht der Wahrheit. Sie berücksichtigt nur nicht das unverantwortliche Handeln vieler Staatsmänner, die ihren Bewohnern die Erträge vorenthalten.

Erkennt bitte auch, dass die Dunkelheit dies mit Absicht tut und eure Presse hilft, den Schatten in eure Gedanken zu bringen. Manipulation und Angst zu fördern ist ein Instrument der Dunkelheit. Erkennt es bitte. Seht es euch bewusst an.

Erkennt auch, dass nicht die Flucht die Lösung ist, sondern das Verändern vor Ort bei den Menschenkindern, die sich genötigt sehen, zu euch zu kommen. Krieg und Misswirtschaft, Manipulation und Gier sorgen für diese Ströme und bringen ein Ungleichgewicht in euer Denken und Handeln.

Doch wie könnt ihr vorgehen, um wieder Liebe in eure Herzen fließen zu lassen?

Atmet die Liebe, die ihr von eurer Ur-Mutter mitbekommen habt, tief in euer Herz und sendet sie voller Kraft zu den Menschen und Staatsmännern, die nicht in ihrem Frieden leben und Verderb ausströmen. Schickt diese Liebe geballt zu Ländern und Menschen, die verändern können, wenn die Liebe in ihnen wirken darf. Geht in die energetischen Liebesflüsse hinein und verändert vor Ort die Energien der Gedanken dieser Menschen durch Liebe. Das dürft ihr tun.

Dann wird diese Energie vor Ort wirken können. Langsam erst, und dann immer stärker, hat sie die Möglichkeit, den Geist vor Ort zu erreichen und ein Umdenken der Dunkelheit in eine lichte Kraft zu lenken, die wieder ganz in die liebevolle Veränderung strebt.

Nur so könnt ihr wirklich dauerhaft helfen. Alles andere ist nur ein Akzeptieren der dunklen Mächte und deren Absicht, die Ohnmacht in euren Bereichen zu nähren. Die Menschenkinder, die derzeit zu euch strömen, sind arme Geschöpfe, manipuliert durch ihre Politiker, und sie haben zu lernen, sich gegen die in Liebe aufzulehnen, die ihnen ihre Existenz nehmen wollen.

Es gab schon in früheren Zeiten bei euch einen Spruch, der besagte: „Stellt euch vor, alles ruft nach Krieg, und keiner geht hin." Was würde dann passieren? Es gäbe keine Lakaien der dunklen Mächte, die wirken könnten. Allein gehen sie nicht dorthin. Sie lassen kämpfen, sie lassen denunzieren, sie lassen die Armut existieren.

Greift in das Machtpotenzial dieser Mächtigen ein, indem ihr nichts tut, außer Frieden und Liebe in eurem Herzen walten zu lassen. Lasst Frieden und Liebe immer mehr in eurem Herzen wachsen, bis dieses Licht so stark ist, dass ihr es zu den Menschenkindern strömen lassen könnt, denen die Liebe abhandengekommen ist.

Licht und Liebe wirken zu lassen ist derzeit das Wichtigste, das ihr tun könnt – für euch, für die anderen und für die Erde, die derzeit durch diese Geschehen ebenfalls sehr leidet.

Ruft eure Seele auf, mitzuwirken. Vereinigt euch gedanklich mit anderen Seelen und baut eine Armee des Friedens und der Liebe auf. Kämpft mit liebevollen Gedanken und Taten, und ihr werdet stark sein und stärker verändern können, als ihr es je vermuten würdet.

Lasst Streit und ungute Gedanken aus eurem Handeln und Sein. Findet Frieden.

Findet Frieden und erkennt die Schattenwelt, die euch verführen will

Derzeit seid ihr belastet mit Ängsten und Zweifeln. Ihr werdet durchgerüttelt und gefordert in den tiefsten Emotionen, die euch beuteln und eure Gefühle hin und herwanken und euch an eurer Liebe zweifeln lassen.

Ihr seid Wesen des Friedens und der Liebe, doch der Frieden und die Liebe in euch schwinden derzeit sehr schnell aufgrund der Geschehnisse um euch herum. Euer Frieden wird gestört durch aktuelle Berichte und Diskussionen, denen ihr euch nicht entziehen könnt. Gleichzeitig schwindet eure Liebe zu den Mitmenschen, die sich in eure Nähe einschleichen. Ihr fühlt euch allein durch die Gedankenwelt eurer Umgebung in eurem inneren Frieden gestört, obwohl kein Menschenkind anderer Überzeugungen euch derzeit berührt hat. Ihr pauschalisiert und bewertet, ohne zu erkennen, was gut und was von Schatten umgeben handelt.

Seht bitte genau hin, was das derzeit mit euch macht: Erkennt den Unfrieden, der bewusst von den Schatten in euch produziert wird. Erkennt die Absicht hinter diesem Geschehen und versucht, den inneren Frieden wieder in euch zu stabilisieren. Geht in die Freude und die Mitmenschlichkeit. Lasst die Liebe in euch wieder wachsen, um so in euer Gleichgewicht zu kommen. Findet eure innere Mitte wieder. Findet euch wieder auf dem Weg der Menschlichkeit und des Miteinanders in Liebe.

Nur so könnt ihr den Prozess, der euch, euer Land und eure Erde derzeit so aufwühlt, erkennen und auflösen. Vermeidet die Kraft, durch die Zerstörung entstehen kann, die nicht nur die Menschenkinder betrifft. Erkennt auch den Schaden, der an der kompletten Wunderwelt der Natur entsteht. Erkennt, wie eure Schattenenergien zu Mutter Erde ausstrahlen und diese schwächen in ihrem Prozess des nächsten Aufstiegs. Erkennt das und werdet wieder heil in Gedanken und Taten. Und heilt auch eure Umgebung von Ängsten und unfreundlichen Gedanken. Schickt Liebesschwingungen in die Welt, an die Orte der Grausamkeiten, zu den Menschen, die leiden. Aber auch zu den Peinigern, damit sie erkennen, wie grausam ihre Taten sind. Schickt Liebesenergien von euch zu allen Orten, die von der Dunkelheit heimgesucht werden, und lasst diese Liebesenergien bis hin zu Mutter Erde strahlen und hoch hinaus zum Universum, damit die Erde als Energiefeld dazwischen wieder in die Harmonie und in die Kraft kommen kann, die ihr derzeit entgleitet.

Allein durch die Liebe seid ihr in der Lage, diese Situationen zu meistern. Allein durch die Liebe seid ihr in der Lage, Schatten, die auch euch zu umgarnen versuchen, zu erkennen und zu verabschieden. Allein durch die Liebe habt ihr die Möglichkeit, euch auf euren Weg in die geistige Entwicklung in die Siebte Dimension zu entfalten. In der Siebten Dimension ist alles gleich und in der Einheit. Alles ist in der Liebe, und für alles und jeden wird gesorgt, egal, welcher Energie und Gedankenwelt er und es angehört.

Findet aus diesem gedanklichen und emotionalen Chaos heraus in die Liebe. Erkennt dieses Geschehen als Prüfung für euch und euren Weg in die Neue Zeit, die von euch angestrebt wird. Zeigt euch wert, diesen Weg beschreiten zu können. Frieden in eure Herzen und lebt den Frieden in euch.

Wahrheit und Wahrhaftigkeit – Die Schatten der Vergangenheit, gespeichert in euren Zellen

Freiheit bedingt Wahrheit und Wahrhaftigkeit. Wer Freiheit leben möchte, hat die Ehrlichkeit im Innersten seines Seins zu finden und zu leben. Das bedeutet für euch: Sucht eure Wahrheit im Inneren, das ihr in eurer Seele finden könnt. Durchforstet euren Geist und geht auch dort der Frage nach, ob ihr wahrhaftig seid und in der Wahrheit lebt. Gerade zu dieser Zeit, in der das Chaos um euch herum euch immer wieder neu emotional herausfordert, habt ihr verstärkt die Aufgabe, euer Innerstes zu erforschen und euch zu fragen, warum ihr die Geschehnisse derzeit so heftig erlebt. Warum können sie euch so aufwühlen? Was erschreckt euch an eurem Umfeld, und welche Emotionen versuchen euch hier zu leiten?

Geht in eure wirkliche Wahrheit. Stellt euch euren Emotionen der Ehrlichkeit, und ihr werdet die Lösung für alle eure Emotionen erfahren. Alles Wissen und alle Wahrheiten sind in euren Zellen gespeichert. Nur das, was ihr in euch als eigentliches Problem aufgehoben und abgespeichert habt, kann euch zu Emotionen veranlassen – als Schutz für euch und als Ausrede für euer Tun. Versucht herauszufinden, warum ihr eure Emotionen hier walten lasst, und verabschiedet in einem Prozess des Verzeihens und des inneren Friedens eure Emotionen der Vergangenheit.

Ihr Menschen der Erde, erkennt, dass ihr nur Gast in diesem Bereich seid. Lasst euch dies bewusst sagen. Ihr Menschen dieser Erde habt keinen Anspruch auf Allgemeingüter der Erde mit einem Alleinstellungsmerkmal. Ihr habt kein Recht, Andersdenkende und -handelnde zu verurteilen. Nur das Recht auf Selbstschutz in Gefahr kann euch zu einer Distanz gereichen, die euch inneren Frieden bringt.

So rufe ich euch auf: Erkundet gerade in dieser Zeit eure Wahrheit. Seid ehrlich zu euch selbst. Kommt in den gedanklichen Prozess der Veränderung und des Neuanfangs. Es gehört mit zu der Entwicklung in die Neue Zeit. Wenn ihr euch eurer inneren Wahrheit stellt, werdet ihr im Licht leben und dann als nächsten Schritt in der Lage sein, euren Geist zu reinigen. Frieden ist hier ist das Ziel. Frieden und das Erkennen der inneren Wahrheit. So werdet ihr zu eurem eigentlichen Ursprung finden, der den Weg eurer irdischen Aufgabe deutlich macht. Emotionen in Form von Ärger und Hass entfernen euch von eurem eigentlichen Ursprung. Vermeidet ihn für euch selbst. Nur für euch selbst. Erkennt die Wichtigkeit dieser Botschaft.

Es ist eine Grundvoraussetzung für die Neue Zeit, die Hürden, die ihr durch Erfahrungen und Geschehnisse derzeit erlebt, in Liebe aufzulösen. Keinen Egoismus walten zu lassen, keine Ängste hochkommen zu lassen. Erkennt, dass die alten Energien der Vergangenheit, die bei euch und somit bei Mutter Erde als Zellinformationen und Zellhandlungen gespeichert sind, sich wieder bemerkbar machen, um eine Reinigung der alten Geschehen möglich zu machen. Erkennt eure Geschichte als wiederkehrendes Paradigma, um besser zu verstehen, was diese Ereignisse in euren Gedanken und Taten derzeit verursachen, und lernt, die Geschehnisse dieses Mal in Frieden und Liebe zu verändern.

Eure Ängste spüren wir wohl. Die Schatten der Vergangenheit wirken stark in eurem Geist. Sucht die Wahrheit für euch in eurem Denken und in euren Worten. Spürt in diese Emotionen hinein und habt den Mut, es dieses Mal friedlich durchzuführen. Habt den Mut, eure Wahrheit zu finden, und Frieden und Weiterentwicklung werden euer Lohn sein. Ihr braucht keine Angst zu haben. Die alten Energien fragen an, um abgearbeitet und in Liebe verabschiedet zu werden. Durchforstet euer Inneres in Ehrlichkeit, und die Lösungen werden sich offenbaren. Habt den Mut, so vorzugehen. Vertraut auf die Absicht hinter allem Geschehenen der Vergangenheit und der Zukunft. Geht in die Wahrheit. Erkennt, und die neue Zeitenwende in eurem Inneren wird euch verändern, sodass die Neue Zeit für euch beginnen kann.

Hier wird mein Aufruf, der bereits 2009 von mir an euch durchgegeben wurde, in seiner Tragweite und Aussagekraft deutlich:

Wacht auf!
Erkennt die Zeit!
Geht in die Wandlung,
bis ihr die Zukunft seid!
Vertraut auf die innere Wahrheit.

Die derzeitigen Geschehnisse und die Flüchtlingsströme

Amadeii, warum haben wir die Situation mit den Flüchtlingen? Was soll uns das zeigen?

Frieden und Balsam in eure Gedanken und Fragen. Wir spüren wohl eure Skepsis und eure Angst, die sich um dieses Thema drängen, und auch eure Unruhe, die euren inneren Frieden aus dem Gleichgewicht bringt.

Was derzeit mit den Flüchtlingen passiert, ist eine Energie, die sich seit Jahrhunderten auf eurer Erde und auch in eurem energetischen Raum manifestiert und der Auflösung bedarf. Erkennt die alten Muster eurer Vergangenheit, in der von eurem Gebiet die Aggression ausging – auch im Vorzeichen eines Gottes, der allmächtiger sein sollte als alle anderen. Erkennt das Muster in den Kreuzzügen. Erkennt die Kraft und die Zerstörung, die damals dort ausgeübt wurden und die Menschen unterdrückten und unterjochten.

Es findet derzeit eine Wiederholung mit unterschiedlichen Vorzeichen statt, die sich euch mit aller Deutlichkeit zeigt. Und nicht nur die Kreuzzüge, sondern viele andere Beispiele eurer Kirchenführer und Kirchenanhänger manifestierten Energien der Überheblichkeit und Einzigartigkeit in den Geist eurer Menschen, die dann, durch die Schatten der Gier und Überheblichkeit geleitet, anderen Leid zufügten.

Diese Energien der Vergangenheit gehören zu eurem geschichtlichen Karma, das sich derzeit für euch deutlich macht und von euch in Liebe umgewandelt werden möchte. Es ist die Zeit der Klärung. Gleiche Muster kommen mit anderen Vorzeichen zu euch und ans Licht, um erkannt und verändert zu werden. Auflösung und Transformation stehen jetzt für die Reinigung von Mutter Erde, die diese Energien gespeichert hat, allein durch eure Gedanken und Taten im Vordergrund.

Erkennt eure Taten der Vergangenheit und versucht, diese Energien in Liebe umzuwandeln. Geht es an, denn der Aufstieg naht, und ohne die Transformation dieser Geschehnisse des Blutes kann die Erde nicht komplett gereinigt werden.

Erkennt darüber hinaus auch die Absichten der derzeitigen Geschehnisse einer kleinen Minderheit, die wieder in der Überheblichkeit des Alleinanspruchs durch die Energien ihres Gottes wirken wollen. Erkennt, dass es nicht um die Energie und den Willen des Gottes geht, sondern allein um die Interessen und Machtansprüche Einzelner. Erkennt, wie die Schatten bei diesen Lebewesen angreifen und wirken können, die Tieren ähnlich agieren und doch niedriger sind in ihrem Wirken, ohne dass sie es bewusst erkennen. Hier wird wieder eine Entschuldigung für diese Taten gesucht, die euren der Vergangenheit ins nichts nachstehen. Nur sind heute die Voraussetzungen anders. Die Vorzeichen haben sich geändert. Eure Aufklärung ist schneller und kompletter, sodass nicht die Kraft und die Vernichtung erreicht werden wie bei den alten Geschehnissen auf der Erde.

Die jetzigen Energien sind klein in ihrem Wirkungsbereich, und nur einzelne Fanatiker üben diese Taten aus. Geht an die Vordenker. Sie sind eure eigentlichen Aktionäre, denen Einhalt geboten werden muss. Die Täter selbst sind Opfer ihrer Kleinheit im Denken und Handeln. Erkennt das und weist auch eure Politiker darauf hin, wo das Grundübel zu suchen ist.

Ihr habt also an zwei Bereichen gleichzeitig zu wirken. Zuerst bei euch vor Ort, und dann in den Bereichen, in denen die gedanklichen Ursprünge liegen. Macht euch vorerst darüber Gedanken. Weitere Aufklärung folgt.

Amadeii, wie geht es mit den Flüchtlingen weiter? Wie gestaltet sich ihre Integration in Europa?

Versucht, die Menschenkinder, die zu Recht aus ihrem Land vor Terror und Verfolgung geflüchtet sind, in Liebe ankommen zu lassen. Streckt ihnen die Hand entgegen und heißt sie willkommen in eurem Land der inneren Sicherheit und des inneren Friedens, der von diesen Menschen geträumt wird.

Macht diesen Menschenkindern neben der Hilfe aber auch gleichzeitig euer Wertedenken klar. Klärt sie auf über ihre Rechte, aber auch über ihre Pflichten, die sie miterwerben, wenn sie in eurem Land aufgenommen werden möchten. Ein Miteinander kann nur in einem gegenseitigen Respekt vor der Kultur und den Sitten und Bräuchen der Menschen vor Ort gelingen. Das beruht auf Gegenseitigkeit. Keine Verachtung von euch und im Gegenzug keine Missachtung eurer Werte.

Eure Erde ist für diese Menschen das Paradies. Lebt ihnen dieses Paradies vor und geht als gutes Beispiel voran. Integriert sie in eure Familien und lehrt sie dort eure Art des Miteinanders. Dann werden sie im Respekt zu euch schnell erfahren, wie das Leben bei euch funktioniert und wie sie ihr Denken, mit dem sie aufgewachsen sind, überprüfen können.

Erkennt, dass diese Menschenkinder in einer ganz anderen Wertekultur aufgewachsen sind.

Erkennt, dass die Moral dieser Kultur ihnen von klein auf mitgegeben wurde.

Erkennt den Wert des menschlichen Lebens bei diesen Menschenkindern.

Erkennt, dass das Leben dort nicht so hoch im Wert ist wie bei euch.

Erkennt, dass diese Menschenkinder gedanklich erst einmal geweckt werden müssen.

Erkennt, dass diese Menschenkinder ungeschliffene Diamanten sind, die mit liebevoller und fürsorglicher Führung in ein wertvolles Menschenkind der Zukunft geprägt werden können.

Alles ist rohe Masse, die einen liebevollen Veränderungsschliff benötigen. Denn im Herzen sind die Seelen im Licht. Ihr Verstand und ihre Emotionen werden von den Schatten umhüllt und verdunkelt.

Erkennt eure Aufgabe in diesem Bereich und habt keine Angst um euren eigenen Wohlstand. Euch geht es gut, und bis jetzt habt ihr die Angst in eurem Geist nur durch Übertragungen und Berichte von außen erhalten, die euch bewusst Angst machen sollen. Geht vorsichtig mit solchen Durchsagen und Informationen um. Sie sind bewusst manipulierend. Erkennt in diesem Bereich auch eure Presse als Handlanger der Schatten, die sich für solche Aufgaben zur Verfügung gestellt haben. Sie wollen bewusst Stimmung machen, bewusst aufwiegeln, bewusst Angst produzieren. Dadurch entsteht eine hohe Erwartungsspannung, und alle Berichte können gewinnbringend vermarktet werden. Ein großes Leid in eurem Paradies. Alles muss vermarktet werden, egal, ob es einen Wert hat oder nicht. Auch das als Denkanstoß für euch zum Erkennen.

Die Flüchtlinge sind umhüllt von unseren Energien, die den Aufstieg vorbereiten, und so werden sie schneller ihre Entwicklung durchmachen dürfen, als es eure Kultur in den letzten 2000 Jahren konnte. Sie werden mit Lichtenergie durchflutet, die ihnen die Erkenntnis schneller deutlich machen wird. Sie werden mit Liebesenergien durchflutet, wodurch die Gewaltbereitschaft reduziert und auch infrage gestellt wird. Sie werden mit weiblichen Energien durchflutet, die ihnen das Anerkennen der weiblichen Liebesenergien ermöglichen, die dann auch erlaubt, ihr Frauenbild zu verändern. Sie werden mit Heilenergien durchflutet, die das Karma der Vergangenheit abheilen und transformieren können.

Ihr seht, wir sind an eurer Seite tätig, und alles ist für diese Menschenkinder vorbereitet – hin zur Erkenntnis und zum Wirken und Leben in eurem Paradies. Nehmt sie auf und entkräftet ihren derzeitigen Hass und ihre Aggressionsenergien vor allen Dingen dadurch, dass ihr ihnen in euren Familien ein Vorbild vorlebt, das sie zum Nachdenken anregt. Seid Beispiel, und es wird gelingen.

Hütet euch vor Massenbildungen und Massenunterkünften. Dort herrscht Aggression. Es würde auch bei euch Aggression herrschen, wenn ihr in solchen Massenlagern untergebracht wärt. Ihr seid emotional nicht anders in eurer Reaktion. Erkennt das. Seht die Situation und versucht, zu neutralisieren und zu vereinzeln. So werdet ihr schnell ans Ziel der Integration kommen. Denn die Grundenergien dieser muslimischen Menschenkinder sind Liebe.

Amadeii, was machen wir mit den Terroristen, die mit den Asylsuchenden bei uns eingeschleust wurden?

Hier steht im Vordergrund das Erkennen und sofortige Separieren. Lasst eure Wertevorstellung deutlich allen Menschenkindern in Form von Sprache zukommen. Macht deutlich, was bei euch erwartet wird, und auch, welche Sanktionen ihr einleitet, wenn eure Gesetze und eure gesellschaftliche Moral untergraben werden.

So könnt ihr schnell erkennen, wer die Aufwiegler sind. Erkennt aber auch die Aufwiegler in euren eigenen Reihen. Ihr seid nicht nur Opfer, sondern oft auch Täter – und sei es nur in euren Gedanken.

Die Terroristen sind bewusst von den Vordenkern eingeschleust worden. Sie sind wie Schafe, die man mit der Herde treibt. Doch ohne ihre Vertrauten und Kontakte sind sie energielos und klein. Unterbindet, dass diese Kontakte zu anderen terroristisch Denkenden sich ausbreiten und Früchte tragen können. Hier ist auch euer Sicherheitssystem gefragt, das in der Vergangenheit in die Irre geleitet wurde und für die Sicherheit eurer Gesellschaft nicht mehr voll in Funktion war. Hier sind eure Regierungen gefordert. Wendet euch an sie und erwartet Schutz von ihnen.

Amadeii, was ist mit dem Denken, wenn ein radikaler Muslim bei der Aktion, einen Ungläubigen zu töten, verstirbt, dass im Himmel auf ihn mehrere Jungfrauen warten?

Dieser Satz steht so in keiner Schrift des Schöpfers. Sie wurde von Fanatikern geprägt, um einen Anreiz zum Töten oder gar zum Selbstmord zu schaffen. Traurig, dass dieser Gedanke sich bei manchen Radikalen manifestiert hat. Doch wir in der Geistigen Welt sagen euch: Diese Aussage ist nicht in der Wahrheit. Im Gegenteil, diese Seelen haben nach dem Verlassen des Körpers oft so viel Scham wegen ihrer Tat, dass sie sich in den Grauschichten der Vierten beziehungswese der Sechsten Dimension versteckt halten, wodurch ihnen die Regeneration unterbunden wird. Diese Seelen leiden schrecklich, und auch die Huldigungen ihrer Familien können die Seelen nicht heilen. Macht das den Müttern klar, damit sie dieses Wissen an ihre Kinder weitergeben, um deren Seelen vor solch einem schrecklichen Schicksal zu bewahren.

Eine schreckliche Tat wird durch eine schreckliche Zeit der Reue in der Schattenwelt mit allen Qualen gesühnt. Helft, dieses für die Seelen in Zukunft zu unterbinden.

Amadeii, wie kann ich mir dieses Leid der Seelen vorstellen? Hast du ein Beispiel?

Es gibt eine von der Geistigen Welt geführte Schriftstellerin auf eurer Erde, die diesen Prozess mehr als deutlich beschrieben hat. In ihrem letzten Buch „Harry Potter" hat sie diesen Zustand sehr deutlich formuliert. Lord Voldemort als hilfloses Wesen in der Zwischenwelt, das leidet, wurde von der Geistigen Welt in die Gedanken dieser Schriftstellerin gegeben in der Hoffnung, dass dieses Beschriebene in die Gedanken der Menschen dringt und sie nachdenklich macht. Lest euch diesen Passus ganz genau durch. Er ist von uns geführt.

Amadeii, was wird aus Europa?

Euer Europa steht auf einem heftigen Prüfstand. Es hat sich in der Vergangenheit zu einem Bund zusammengeschlossen, der die Unehrlichkeit und die Gier im Vordergrund wirken lässt. Nur einzelne Vertreter der Regierungen tragen den europäischen Gedanken der Liebe in sich. Und so wird sich dieses unehrliche Europa auseinanderleben und neue Bündnisse mit neuen Werten suchen müssen, die mit den alten Strukturen und Energien nichts mehr zu tun haben. Auch muss erst einmal das Wertedenken zu vielen Mitgliedsländern dieser Gemeinschaft ankommen und verändert werden. Diese alten Energien der Habsucht und des Egoismus haben in der Neuen Zeit keine Kraft mehr und werden sich deshalb verabschieden. Auch eurer Europa wird bald nicht mehr so sein, wie es sich derzeit (Ende 2015/Anfang 2016) gestaltet.

Es gibt eine Energie, die für den Erhalt in einem Miteinander kämpft. Doch sie wird immer mehr ignoriert und missachtet, belächelt und beleidigt. Die Gier wird den Zusammenbruch eures Europas bringen, und auch im finanziellen Bereich wird sich Chaos ausbreiten. Alle eure Werte werden von einem auf den anderen Tag nicht mehr vorhanden sein. Es beginnt eine Zeit der Neuorientierung, die die Werte von Miteinander, innerem Frieden und Harmonie in den Vordergrund stellen wird. Diese Zeit wird mit Hass und Vorwürfen überschüttet sein, und zwar so lange, bis die Ersten erkennen, dass auch sie Anteil an diesem Untergang haben.

Hier sind wieder Energien der alten Zeit aktuell, die noch aus dem Zeitalter von Atlantis in eurer Erde manifestiert sind. Diese Untergangsenergien, die jetzt den Untergang eures gemeinsamen Europas aktivieren, gilt es, in Liebe zu transformieren und zu verabschieden. Besinnt euch in dieser Zeit auf die gemeinsamen Werte, die euch zusammengehalten haben, und erkennt die Absicht, aber auch den Neubeginn, der durch diesen Untergang von Europa für euch transformiert. Der Neubeginn ist für die Neue Zeit notwendig. Lernt aus euren Fehlern, sodass wir diese Erfahrung auch weit über das Universum hinaus weitergeben können.

Nach dem Untergang wird ein friedliches Europa entstehen, das wirkliche Werte lebt – in einer Gemeinschaft, die jeder sich erträumt. Der Frieden wird im Vordergrund stehen, und zwar der Frieden in den Herzen der Menschen. Und natürlich auch der Frieden an euren Grenzen.

Amadeii, was hat es mit dem Rechtsruck auf sich, der beängstigend zunimmt?

Dieser Rechtsruck der Gesinnung steht für die Verunsicherung von Menschenkindern, die sich bedroht fühlen, dass sich ihr Land, und damit ihre Werte verändern. Diese Verunsicherung wird immer wieder von einigen in Deutschland und anderen Ländern in Europa lebenden Extremisten bewusst geschürt, um so eine Wende in das Denken der deutschen und europäischen Bürger hin zu den alten Energien zu bewegen.

Und schon wieder erkennt ihr, dass sich ein altes Muster der Vergangenheit an die Oberfläche traut, um erkannt, verändert und dann endgültig verabschiedet zu werden. Bei euch in Deutschland ist in dieser Zeit die Hitler-Unkultur stark in euren Energien, um euch durch euer derzeitig bewusstes Erleben ein Hinschauen zu ermöglichen, das ein gleiches Verhalten wie in der Vergangenheit unterbinden kann. Schaut hin, wie schnell einige Menschenkinder bereit sind, ihre Gesinnung zu radikalisieren, wenn die Parolen auf ihre Emotionen und Schwachstellen gerichtet sind. Das Denken wird mit Kleinigkeiten manipuliert, und so gesellt sich ein Denken zum anderen, und die Energien einer Gruppe sind stärker als die eines Einzelnen. Erkennt das bitte sehr deutlich

Sucht Gleichgesinnte, die die eigentlichen Werte in dieser Zeit erkennen und bereit sind, für diese laut und deutlich den Extremisten und Terroristen entgegenzutreten. Lasst eure Seele zu euch sprechen und eure Ängste, die bewusst geschürt werden sollen, durch euer Herz auflösen. Erkennt auch die Wertigkeit eurer Regierung. Schaut sie euch bewusst an und fragt euch, wer dort in Liebe und Weitsicht wirkt, oder wer sich die Situation nun zunutze macht, um in eurem chaotischen Europa noch einen Führungsanspruch der Macht herauszuarbeiten, bevor der Absturz kommt. Ich nenne euch bewusst keine Namen, auch wenn ich zu jedem Namen etwas sagen könnte. Doch es ist an euch, das zu erkennen.

Amadeii, seit langen kommen Durchsagen aus der Geistigen Welt, die sagen, dass alles besser werden wird. Wir haben aber den Eindruck, dass alles schlimmer wird (Beispiel: die zunehmenden Terroranschläge).

In meinen vorherigen Zeilen habe ich euch die Energien der Vergangenheit deutlich gemacht, die derzeit als Karma in euer Leben und in eure Welt einströmen und nun endlich verabschiedet und transformiert werden wollen. Alles, was noch zu verändern ist, bevor der endgültige Aufstieg von euch zu erlauben ist, kommt nun geballt zu euch. So deutlich, dass ihr nicht mehr wegschauen könnt. So deutlich, dass ihr euch stellen müsst. So deutlich, damit ihr es wagt, diese Energien in Liebe aufzulösen und ein für alle Mal aus euren Gedanken und dem Wirken eurer Erde zu verabschieden.

Wären sie nicht so schlimm und massiv, würdet ihr nicht hinschauen. Es muss also von uns so heftig auf die Spitze getrieben und in verschiedenen Varianten in euer Bewusstsein und euer Leben gebracht werden, damit ihr wirklich nicht mehr wegsehen könnt. Das ist geplant und bewusst so gewollt, weil es notwendig ist. Die Zeit drängt, denn eine Beschleunigung der Energiereinigung von Mutter Erde und aller Wesen auf ihr hat derzeit höchste Priorität.

Freut euch, dass alles so schlimm für euch erscheint. Freut euch, dass ihr euch dieser Zeit stellen dürft. Ihr seid hoch in euren Energien und habt die Kraft, die Energien von euch und Mutter Erde zu reinigen. Ihr seid Sternenkinder der auserwählten Art, die für diese Aktionen bewusst diesen Auftrag übernommen haben. Sternenkrieger und Hüter des Universums, die sich nun langsam entwickeln dürfen und ihre neue Aufgabe definiert bekommen. Erkennt: Ihr seid die Auserwählten für den Aufstieg. Ihr, die ihr diese Zeilen lest, seid die Auserwählten, die die Kraft in sich haben, die Veränderung einzuleiten.

Wenn sich in euren Gedanken und eurem Wollen euer Auftrag bewusst manifestiert hat, ist der Zenit der Heftigkeiten erreicht, und euer Strahlen wird sich verändern und auffangen, was zu verändern und aufzufangen ist. Die Neue Zeit ist euer Ziel. Es ist immer noch das anvisierte Endziel eures derzeitigen irdischen Seins. Nach dem Chaos kommt der Aufstieg. Vertraut auf meine Worte. Alles ist so beschlossen und wird von uns in

Liebe für euch gelenkt. Vertraut darauf, dass wir euch lieben.

Amadeii, wie sicher ist die Menschheit noch?

Es werden noch einige Verluste für euch anstehen, die notwendig sind, um Empörungsenergien und Trauern mit Liebe vermischen zu können, die dann die Wende in die Transformation einleiten können. Die Menschheit wird überleben, da sie enorme Fähigkeiten in ihrem Wirken nachgewiesen hat und für wert befunden wurde, den anvisierten Aufstieg eures Universums mitzuerleben. Ihr seid Auserwählte und werdet nicht vernichtet. Die Vernichtungsenergien, die ihr aus den Zeiten von Atlantis noch in euren Zellinformationen tragt, werden für euch deaktiviert und transformiert, sodass keinerlei Ängste mehr bei euch schwingen werden.

Vertraut auch hier. Das Karma Atlantis wird sich komplett für euch auflösen – für die ganze Erde und ihre Lebensformen. Ihr seid sicher in eurem Wirken und eurem Sein. Vertraut.

Amadeii, wie sieht es mit dem Weltfrieden aus?

Der Weltfrieden wird derzeit bis aufs Äußerste gereizt und infrage gestellt. Doch auch hier ist alles geplant und notwendig, um die alten Energien von Krieg und Hass transformieren zu können. Hass und Unfrieden werden sich in Frieden umwandeln, um so eine neue Energie auf der Basis der universellen Harmonie im gemeinsamen Wirken und der Wertschätzung auszulösen, die sich immer weiter ausbreiten darf, bis eure komplette Erde bereit ist, im Gleichklang mit dieser universellen Energie im Universum zu schwingen. Es ist noch ein kleiner Weg bis dahin, doch alle Zeichen sind gesetzt und alle Energien der Vergangenheit gelöst, um deutlich gemacht zu werden.

Mein Aufruf an euch: Schaut hin, überprüft eure Emotionen und Gedanken. Fangt bei euch im Kleinen an, damit ihr nach außen strahlen und wirken könnt. Ein kleiner Tropfen kann sich zum Meer ausbilden, wenn sich viele Tropfen vereinen. Fangt an. Die Zeit ist reif und naht im Guten für euch.

Botschaften, die Wege für die Veränderung aufzeigen

Seelenauftrag: Verliert den Zugang zu eurer Liebe nicht (Live-Channeling mit Heilmeditation)

Seid gegrüßt, ihr Menschenkinder. So, wie ich euch hier erkenne, erkennt euch eure Seele an jedem Tag immer wieder aufs Neue. Seid gegrüßt und geht voller Freude in diese Situation hinein, nur für euch. Ihr seid in diesem Moment das Licht, das in die Strahlung gebracht werden darf, ihr seid das Licht, das erkannt werden möchte, ihr seid das Licht, das es wert ist, hell erleuchtet zu werden, denn ihr seid das Licht des Einen und in dessen Auftrag hier, um euren Weg und Seelenauftrag zu erfüllen.

Oft fragt ihr euch: „Warum ist alles so schwer in meinem Leben, warum habe ich keine Leichtigkeit in meinem Körper, warum habe ich Schmerz und Leid zu ertragen?" Ich, Amadeii, sage euch: Es ist der Auftrag, den eure Seele hier übernommen hat, der Auftrag, den nur ihr allein in eurem körperlichen Sein und mit eurer Seele und eurem Geist hier erlösen könnt. An jedem Tag könnt ihr Schritt für Schritt eure Aufgabe in Lichtform erlösen.

Ihr seid uns bekannte alte Seelen, und auch euer Auftrag ist uns bekannt. Vertraut darauf, dass alles, was ihr derzeit erlebt, Teil eures Auftrags ist. Vertraut bitte darauf, auch wenn es euch derzeit sehr schwer fällt, in eurer Mitte, in eurer Liebe zu bleiben. Vertraut darauf, dass alles so in, mit und um euch herum passieren muss, dass es Teil eures Auftrags ist, damit ihr euren Weg findet, den ihr geplant und euch ausgesucht habt.

Erkennt auch, welche Hürden euch derzeit an der Ausführung eures Auftrags hindern und Steine in den Weg legen.

Erkennt eure derzeitigen politischen Interessen und eure politische Situation. Erkennt, dass in der jetzigen Zeit Liebe und Mitgefühl zu testen sind. Liebe und Mitgefühl sind im Moment das Licht, das bei euch aufgebaut werden und leuchten darf. Erkennt die Hürden, die euch von eurem Weg abbringen sollen.

Erkennt bitte, dass die Seelen von all diesen Menschen, die auf der Flucht sind oder aber gezielt in euer Land geschickt werden, sich für diese Aktion bewusst zur Verfügung gestellt haben. Diese Seelen haben den Auftrag, das Mitgefühl und die Liebe in Europa, in Deutschland und in euch zu wecken. Diese Seelen haben den Auftrag, die Liebe in eurem Herzen zu vergrößern und zu verstärken, denn Liebe ist das Höchste, was ihr auf der Erde zu verschenken habt. Liebe ist das Höchste, was ihr auf der Erde einem Gegenüber übermitteln könnt. Und Liebe ist das Höchste, was ihr auch uns zukommen lassen könnt.

Liebt euch, nehmt euch so an, wie ihr seid. Gebt dieser Liebe Raum, um nach außen zu strahlen, gebt diese Liebe euren Mitmenschen, im Kleinen wie im Großen, und sendet diese Liebe ebenfalls gedanklich zu den Menschen, die in Not sind, in Angst leben, auf der Flucht sind. Schickt eure Liebe dorthin und lasst sie zu Mutter Erde fließen. Mutter Erde kann für euch mitreagieren. Wenn Mutter Erde in Liebe ist, sind die Lebewesen auf ihr ebenfalls in Liebe und Harmonie. Geht in Liebe zu eurer Umgebung, das ist der Auftrag, den ihr derzeit auf eurem Weg zu erfüllen habt, nicht nur für die Menschen, die in Not sind, sondern hauptsächlich für euch und euer Seelenheil.

Wenn ihr in eurer Liebe seid, haben alle Hürden keine Kraft, euch von eurem Weg abzubringen. Das ist euer Test: ob ihr euch von eurer Liebe entfernen lasst. Jeder ist in Liebe zu etwas. Spürt in diese Liebe hinein und lasst als Erstes diesen Gedanken liebevoll zu eurem Herzen fließen, damit wieder Wärme in euren Seelenkörper fließen kann, denn ohne Liebe ist das Leben sinnlos.

Erkennt den Wert dieser Aussage und auch die Hürden und die Heftigkeiten, die euch weg von eurer Liebe bringen sollen. Lasst den Frieden in eure Gedanken fließen, Frieden zu euch, zu euren Mitmenschen und in die Welt. Dieser Friedensgedanke kann nur im Miteinander in Liebe umgesetzt werden. Auch das ist ein Teil der Hürden, die derzeit für euch aufgebaut werden.

Jammert nicht, sagt nicht, ihr möchtet das nicht. Ihr habt euch damals, vor der Inkarnation, für diesen Weg entschieden, ihr wart euch sicher, dass ihr euren Weg in Liebe gehen und finden würdet. Ihr wart euch sicher, dass ihr euren Weg im geistigen Miteinander finden und gehen würdet. Erinnert euch an eure Intention und seid bereit, diese umzusetzen. Erweckt das Wissen der alten Verträge wieder in euch, die ihr geschlossen habt, um in diesem Leben wirken zu können.

Werdet wieder ein Aspekt eures Lichts. Viele Geschehnisse haben ihre Wirkung in der Grausamkeit, in der Lieblosigkeit und in der Vernunft verwoben und verabschiedet. Ihr seid das Licht, das wertvoll ist, und nur durch euer Licht ist dieses Strahlen möglich. Erkennt bitte euren Wert und eure Aufgabe. Erkennt bitte, dass ohne euer Wirken in Liebe nichts geschehen kann und umzusetzen ist. Jeder Einzelne von euch ist wertvoll in der derzeitigen Situation. Geht sie in Frieden und in Liebe an. Für euch, nur für euch.

Meditation: Seele – Liebe – Geistöffnung

Liebe Lichtwesen, ich möchte heute mit euch eine Meditation machen, die euer Licht zum Strahlen bringt, eure Seele wieder zum Leben erweckt und euren Geist in sein liebevolles Wirken bringt.

Bitte nehmt beide Hände vor euch und öffnet sie nach oben. Atmet tief ein und aus. Noch einmal tief einatmen und alles, was euch bedrängt, ausatmen, und ein weiteres Mal ein- und ausatmen. Wenn ihr langsam in euren Frieden kommt, kommt von oben über euch eine Lichtkugel, die die Form einer Glühbirne hat. Diese befindet sich nun über eurem Kopf. Von ihr aus geht ein scannender Strahl in euren Körper. Er geht von außen nach rechts und links und um euren Körper herum. Spürt einen leichten Schauer in euch, während euch die energetischen Lichtstrahlen erfassen. Das ist der erste Reinigungsprozess, den wir für euch starten, damit Reinigung und Frieden bei euch wirken können.

Die Lichtkugel verabschiedet sich nun, und eine energetische, kristalline Pyramide kommt von oben über euren Körper und schließt ihn großräumig in sich ein. Habt keine Angst, wenn ihr Kälte spürt, das ist transformierende Energie, um alles, was derzeit noch an euch haftet und euch von eurem Weg abbringen möchte, zu reinigen und zu transformieren. Die kristalline Pyramide verändert nun ihre Farbe. Schaut euch die Farbe an, sie wird für euch in Zukunft ein Wegweiser für Kleidung, Schmuck und Heilsteine sein. Seid ganz bewusst in dieser Farbe, sie wird euch in nächster Zeit begleiten.

Während die Pyramide euch in Sicherheit umschließt, fließt ein kleiner Teil dieses Lichts in euer Herz, das Zentrum, der Wohnraum eurer Seele. Öffnet eure Seele für diesen Lichtaspekt. Lasst eure Seele größer und strahlender werden, wie ein Diamant, der in allen Facetten glitzert. Lasst eure Seele wachsen und größer, stärker werden, lasst sie weiter ausstrahlen in euren restlichen Körper, in eure Auraschichten, stärker und stärker, kraftvoller und liebevoller.

Fühlt euch in das Licht eurer Seele in Liebe eingehüllt, beschützt und geliebt. Eure Seele liebt euch so, wie ihr seid. Ihr braucht euch für sie nicht zu verstellen. Eure Seele nimmt euch so, wie ihr seid, so hat sie euch ausgesucht, und so ist es gut.

Nun erkennt, wie das Strahlen eurer Seele eine Etage höher zieht, hoch in euren geistigen Bereich. Ihr spürt, wie euer Kopf ein wenig wirr wird und sich öffnet. Euer Geist ist jetzt zur Geistigen Welt weit geöffnet. Erkennt das Licht, das euch mit der Geistigen Welt verbindet – ein heller, weißer Strahl, der nach oben geht und wieder zurückkommt, eine Verbindung zur Geistigen Welt, eine weite Öffnung.

Erkennt auch, welches Bild sich dort für euch manifestiert, erkennt die kristalline Struktur, die sich hoch nach oben aus eurem Geist herausbildet und euch an die Geistige Welt anbindet, denn ihr seid kristallines Licht. Erkennt, wie sich dieses Licht für euch verändert. Schaut euch an, was mit euch passiert. Wenn ein Kopfdruck bei euch entsteht, habt keine Sorge, es ist ein Zeichen der Bewusstseinsveränderung und der Anbindung an die Geistige Welt. Es ist ein Geschenk für euch, um euren Geist weit zu öffnen, damit eine weitere Entwicklung bei euch stattfinden kann. Spürt dieses Licht, das nur für euch jetzt wirken darf, nur für euch.

Nun, wo eure Seele und euer Geist Erweiterung und Öffnung erfahren haben, möchte ich euch bitten, in die Verzeihung zu kommen. Vor euch, in dem Schutzraum der kristallinen Pyramide, zeigt sich ein Energieball, der sich vor euch im Außenbereich manifestiert. In diesem Energieball befindet sich eine Energie, der ihr einmal wehgetan habt. Schaut euch diesen Energieball an. Sagt dieser Energieform dann: „Ich bin bereit, dich anzuschauen, zeige dich mir. Ich möchte Ballast abwerfen und in Form einer Verzeihensübung verabschieden."

Wenn ihr die Person nicht sehen könnt, sie sich euch nicht zeigen kann, dann nehmt es so hin und sprecht gedanklich die Worte aus:

„Was immer geschehen ist, was immer war, ich bitte darum, dass mir verziehen wird für meine Taten, dass mir verziehen wird für meine Worte, dass mir verziehen wird für mein Sein".

Während ihr diese Worte gedanklich formuliert, seht ihr, wie sich der Ballon in der Farbe verändert. Ist es die Farbe Grün, dann ist es die Farbe der Heilung, ist es die Farbe Lila, ist es die Farbe der Transformation. Seid von ganzem Herzen in diesem Prozess, um die Heftigkeit der Vergangenheit loszulassen und zu verzeihen. Für euch, nur für euch.

Dem Ballon, der sich in seiner Farbe verändert hat, ist es nun erlaubt, die Pyramide wieder zu verlassen und in die Transformationsarbeit des Loslassens, des Verzeihens und der Liebe zu gehen. Erkennt, was sich in euch verändert hat. Spürt die kühle Transformationsenergie, die bei euch wirkt.

Während ihr nun in eurer Liebe seid und in eurer Anbindung an die Geistige Welt, kommt Transformationsenergie über euren Kopf in die Pyramide, in euren Körper und durch den ganzen Körper hindurch bis zu euren Füßen. Habt keine Angst vor der

Kühle. Sie steht für die Klärung, Transformation und Verabschiedung, die ihr jetzt benötigt.

Solltet ihr noch nicht bereit dafür sein, werden sich Wärme oder sogar Hitze bei euch einstellen, um erst einmal in die Heilung zu gehen, bis Transformation möglich ist. Und noch einmal schicke ich meine Amadeii-Energie in die Pyramide, in euren Körper bis zu euren Füßen und lasse sich alles transformieren und verabschieden, was derzeit bereit ist, losgelassen und transformiert zu werden.

Und ein letztes Mal schicke ich meine Amadeii-Energie in die Pyramide und in euren Körper. Spürt, wie sich bei euch ein Licht der Klärung und Heilung entwickelt, nur für euch, denn der wertvollste Aspekt in eurem Leben seid ihr. Ihr seid Licht, und in dieses Licht dürft ihr nach der Erfüllung eures Auftrags wieder gehen. Doch nun müsst ihr euren Lebensweg weitergehen und alle Hürden in Liebe auflösen.

Eure Energie im Kopfbereich und euer Kopf schließen sich wieder. Die Verbindung zur Geistigen Welt wird wieder durch euer Haupt begrenzt, doch die Anbindung ist vorhanden. Durch diese Begrenzung ist der Kopfdruck etwas stärker, doch habt keine Angst, er wird wieder gehen.

Der Lichtstrahl geht jetzt runter zu eurer Seele, die alles für euch weiß und erlebt und für euch strahlt und auflebt. Eure Seele erlebt Leichtigkeit, und auch sie geht wieder in ihren Raum im Herzen, um dort weiter für euch zu wirken. So sind alle Teile wieder dort, wo sie hingehören, und alles darf sich in Liebe verabschieden.

Die Pyramide kreist aus eurem Aurabereich wieder hoch in die Geistige Welt, und ihr seid wieder pur, so, wie ihr wart und seid. Und ich möchte euch sagen: Bitte, lasst die Liebe in euch *nicht erlöschen, egal, was um euch herum passiert. Seid Liebe, spürt Liebe, und ihr werdet euren Weg im Licht gehen können, egal, wie schwer er ist. Das ist der Auftrag eines jeden Einzelnen: euren Weg in Licht und Liebe zu gehen. Das ist meine Botschaft an euch.*

Atmet wieder tief ein und aus, ein und aus, bewegt eure Hände, euren Körper, seid wieder ganz bewusst hier in diesem Raum, im Hier und Jetzt. Ich danke euch, dass ich zu euch sprechen durfte, ich danke euch mit meinem Licht und mit meiner Liebe und verabschiede mich bei euch mit meinem Gruß

Halleluja.

Meidet alle Schatten: Erkennt das wertvolle Wirken von Seele und Schutzengeln (Live-Channeling)

Seid gegrüßt, liebe Menschenkinder. Voller Freude und Liebe erkenne ich euch hier in diesem Raum und begrüße und ehre euch, da mir euer Licht so strahlend entgegenwirkt. Voller Freude spreche ich heute zu euch, um euch mitzuteilen, was derzeit für euch wichtig ist, nur für euch. Ihr seid im Augenblick abgewichen von eurem Weg und eurem Auftrag, denn eure Liebe geht oft auf Wanderschaft. Und so ist es meine Aufgabe, euch heute zu sagen: Erkennt, dass eure Liebe das Wertvollste ist, was ihr in diesem Leben ausleben dürft.

Eure Liebe, die für euren inneren Frieden steht, ist derzeit am Wanken. Eure Liebe, die derzeit in unterschiedlichen Bereichen gefordert ist, wird immer kleiner. Deshalb möchte ich euch bewusst machen, was derzeit wichtig für euch ist. Erkennt eure Taten, eure Handlungen, euer Sein. Ihr, die ihr in Bereichen von vielen anderen handelt und euch bewährt, seid beeinflusst von vielen Energien, die euch manipulieren wollen. Schaut bitte deutlich hin und lasst diese Energien nicht zu euch fließen.

Seid vorsichtig im Kontakt mit solchen Energien, die nicht gut für euch sind. Hört auf eure Intuition, denn diese ist beseelt von eurer Seele, und das Licht eurer Seele fließt immer wieder in eure Intuition, und so ist das, was ihr zuerst spürt, der erste Eindruck an Gefühl, dem ihr nachgehen dürft. Dann seid ihr aufgehoben und beschützt, denn eure Seele weiß, was gut für euch ist. Eure Seele, die euch über eure Intuition anleitet, euren Weg zu finden, den ihr euch ausgesucht habt in vielen Zeiten davor. Und sie darf euch über eure Emotion darauf hinweisen, was gut für euch ist.

Achtet auf dieses feinstoffliche Informationspaket eurer Seele. Hört hin, fühlt hin und lasst es von eurer Vernunft nicht überlagern, denn diese versucht alles, damit die Intuition nicht zu stark wird. Erkennt bitte, dass eure Vernunft anerzogen und erworben ist. Erkennt, dass eure Vernunft euch von dem Weg, der wirklich gut für euch ist, abbringen möchte. Erkennt, dass es Versuchungen sind, die von der Schattenwelt benutzt werden. Über eure Vernunft, die eure Gedanken forciert, werdet ihr weggeführt von eurer Liebe. Über eure Vernunft seid ihr angreifbar in vielen Facetten eures Seins, und die Welt der Gegenpole, die nicht im Licht agiert, will euch über eure Vernunft erreichen.

Das ist der Punkt, an dem ihr Stopp sagen müsst. Stopp, meine Seele allein hat die Erlaubnis, hier für mich zu wirken. Nur meine Seele darf für mich sprechen.

Doch es gibt noch eine weitere Energie in eurem Körper, die hilfreich für euch wirken darf. Diese Energie ist stets an eurer Seite, von Geburt an bis ans Ende eures derzeitigen Seins. Dieser Begleiter ist euer Schutzengel. Euer Schutzengel zusammen mit eurer Seele, das sind eure Energien, die ihr anrufen dürft, wenn ihr in Not seid und nicht mehr wisst, was richtig für euch ist. Euer Schutzengel ist hoch in seiner Entwicklung. Oft hat er in seiner Funktion getauscht, doch er ist jedes Mal in seiner Energie so für euch da, wie ihr es gerade benötigt. Und auch eure Seele hat sich für euch entwickelt oder einen Tausch vollzogen, wenn eine Entwicklung bei euch abgeschlossen war.

Eure Seelenenergie ist so immer aktuell und klar, kraftvoll und aufrichtig zu euch. Das zu erkennen ist mein Wunsch heute für euch, damit ihr lernt, das Wertvolle in euch anzunehmen, es für euch wirken zu lassen. Denn nur eure Seele und euer

Schutzengel sind eure wahrhaftigen und liebevollen Begleiter in euch und um euch herum.

Darüber hinaus gibt es noch viele andere Begleiter, die sich im Hintergrund halten und nur dann für euch aktiv werden, wenn sie benötigt werden oder ihr sie ruft. Doch solltet ihr mit diesen Energieformen in Kontakt treten, stellt immer in den Vordergrund, dass nur die höchsten Wahrheitsenergien bei euch wirken dürfen. Diesen Schutz setzt als Voraussetzung, dass kein Schatten nach euch greifen kann.

Die Schatten wirken derzeit sehr stark, da sie spüren, wie sich die Erde, die ganze Natur und alle Lebewesen in einem Veränderungsprozess des Lichts befinden, der nicht mehr rückgängig gemacht werden kann. Alle Schatten haben Angst und Sorge vor diesem Prozess, weil der Traum aller die positive Weiterentwicklung in Licht und Liebe ist.

Darum warne ich euch: Vermeidet alle Schatten, verbietet alle Schatten. Schon am frühen Morgen, wenn ihr aufsteht, grüßt das Licht und lasst die Schatten nicht zu euch, verbietet ihnen, zu euch zu kommen. Wann immer ihr in Kontakt zu anderen Menschen kommt und spürt, dass dieser Kontakt nicht gut für euch ist, verbietet dessen Wirkung und sagt, dass nur die höchsten Wahrheitsenergien derzeit bei euch wirken dürfen. So seid ihr geschützt. Geht den ganzen Tag in diesem Schutz weiter, bis in die Dunkelheit, und erkennt, dass in der Dunkelheit die Schatten gerne wirken, weil sie dort in ihrem Wirken nicht erkannt werden können. Verbietet gerade in dieser Zeit, dass die Schatten die Finger nach euch strecken und sagt immer wieder: „Ich bin ein Kind des Lichts, ich bin Licht." In diesem Schutz wird es euch möglich, eure Liebe zu stärken und zu leben und eure Intuition mit der Liebe zu nähren, die immer wieder neu gefordert wird.

Ich weise auch auf die aktuellen Geschehnisse in Europa hin. Erkennt die Gefahren für eure Liebe in dieser Situation, erkennt, was die Schatten mit eurer Vernunft machen sollen. Geht in die Liebe und öffnet euch dort in Liebe, wo ihr helfen könnt, und verbietet die Schatten dort, wo ihr überrannt werdet von Energien, die nicht gut für euch sind. Beides sei euch erlaubt, beides ist im Wirken für euch, doch im Vordergrund mein Anruf an euch: Lasst die Liebe wirken!

Meditation: Der Garten des Inneren Kindes

Nun möchte ich mit euch eine Meditation machen, die eure Seele und euer Licht stärkt und euch vor allem schützt, was nicht gut für euch ist.

Ich möchte euch bitten, atmet tief ein und aus, und noch einmal tief ein und aus. Mit dem Einatmen nehmt ihr Liebesenergie in euren Körper auf, beim Ausatmen lasst alle Energien, die nicht gut für euch sind, aus euch heraus.

Atmet noch einmal ein und aus, und währenddessen kommt ein Hexaeder-Körper über eure Aura und umschließt diese. Er hüllt euch ganz in diesen energetischen Schutz. Ihr seid jetzt rundum behütet und beschützt, und die kraftvolle Energie dieses Körpers wirkt in euch. Lasst sie einen kleinen Moment für euch wirken, bis wir die Meditation fortführen.

Helles Licht fließt in den Hexaeder-Körper und weiter in euer Mandala, in euren Kopf, in euren Körper, bis hin zu eurem Herzen. Das Licht aktiviert euer Herz mit eurer Seele, weil eure Seele dort ihren Raum hat. Spürt, wie eure Seele stärker und kraftvoller wird, und erkennt, welcher Körper sich jetzt vor eurer Seele formiert. Schaut genau hin, weil das auch eure Seele heilen wird. Kraftvoll ist diese Energie eurer Seele, kraftvoll und stark.

Nun zieht diese Energie zu eurem Solarplexus, den Raum eurer Intuition, und lasst sie dort fließen, damit sich eure Intuition verstärkt und kraftvoll wird, nur für euch. Auch dort bildet sich ein Energiekörper heraus, den ihr euch anschauen könnt und der für euch wirkt. Schaut, welches Symbol sich dort bei euch entfaltet, und lasst es wirken.

Dieses Licht eurer Seele und das Symbol der Intuition fließen nun in den Bereich eures Inneren Kindes, das dadurch beleuchtet und beseelt wird. Nehmt die Energie in diesem Bereich wahr, kraftvoll und stark. Ich lade euch ein, den Garten eures Inneren Kindes zu betreten. Wie sieht der Garten aus? Hat er Farben, Formen, ist er kristallin oder noch in einem Grauschleier verankert? Schaut euch um, damit ihr wisst, woran ihr in Zukunft zu arbeiten habt. Das Innere Kind seid ihr.

Nun lade ich euch ein, einige Schritte weiterzugehen, bis ihr an einen kleinen See kommt. Ihr habt die Erlaubnis, in diesen See hineinzugehen. Er ist nicht tief, er birgt keine Gefahr. Ihr dürft in diesen See hineingehen, in dieses warme Wasser, und euch komplett reinigen. Ihr dürft darin baden, euch reinsetzen, so, wie es sich für euch richtig anfühlt.

Der See hat eine heilende Wirkung auf euch. Er heilt eure Seele, eure Intuition und euer Inneres Kind, das so manchen Schmerz ertragen musste. Fühlt euch wohl in diesem See im Garten eures Inneren Kindes. Während ihr dort herumplantscht, schaut euch um. Hat sich der Garten verändert, sind neue Farben hinzugekommen? Könnt ihr Blumen, Menschen oder Tiere sehen, die euch vertraut sind?

Auch wenn ihr euch in dem See wohlfühlt, bitte ich euch, nun aus dem See herauszusteigen und die Treppe hinaufzugehen, die sich am Ende des Sees befindet. Geht diese Treppe hinauf, Stück für Stück. Ihr seid beschützt durch eure Seele, durch euren Schutzengel und durch euer Inneres Kind. Am Ende der Treppe steht ein Brunnen, davor ein Becher. Ihr habt die Erlaubnis, den Becher zu nehmen und in den Brunnen zu tauchen. In dem Brunnen ist nur für euch die pure Energie des Einen – zur Heilung, zur Transformation und zur Beleuchtung.

Füllt den Kelch mit dem Wasser des Brunnens und trinkt davon so viel, wie ihr benötigt. Es ist für euch, für euer Inneres Kind, für eure Seele. Spürt, wie euch leichter wird, wie euer Atmen euch leichterfällt. Spürt, wie ihr anfangt zu strahlen, weil ihr Kraft, Energie in euch habt. Reicht den Kelch nun symbolisch zu eurem Inneren Kind und lasst es ebenfalls von diesem heilenden Trunk trinken. Dann reicht den Kelch eurer Seele und lasst sie sich damit stärken, damit sie wieder heil werden kann. Ein weiteres Mal reicht den Kelch eurem Schutzengel, damit auch er sich mit der Energie heilen und stärken kann. So darf es sein, und so ist es geschehen.

Nun geht die Stufen wieder hinunter, durch den See hindurch zum Ausgang des Gartens eurer Seele und verabschiedet euch von eurem Inneren Kind. Bedankt euch, dass ihr mit ihm in Kontakt treten durftet. Sagt ihm, dass ihr in Zukunft ihm und seinem Garten mehr Aufmerksamkeit schenken werdet.

Zieht euch jetzt aus dem Garten heraus zu eurer Seele und verabschiedet euch von ihr. Bedankt euch bei eurer Seele, dass ihr mit ihr in Kontakt treten und mit ihr gemeinsam strahlen durftet.

Dann zieht euch zurück hoch in euren Geist, und wenn ihr dort angekommen seid, kommt meine Amadeii-Energie über diese geometrische Figur in euren Geist und fließt von dort in euren Körper bis zu euren Füßen. Transformierende Energie transformiert und verabschiedet alles, was nun bereit ist, sich zu verabschieden.

Und noch einmal kommt meine Amadeii-Energie über euren Kopf in euren Körper hinein und klärt und reinigt alles, was geklärt und gereinigt werden darf. Ein letztes Mal schicke ich meine Energien über euren Kopf in euren Körper und bringe Trans-

formation und Veränderung. Schaut, ob ihr euch verändert habt in diesem Prozess und wie sich euer Hexaeder-Körper in seiner Farbe verändert hat. Seht, welche Farbe dort für euch wirkt, denn es ist die Farbe, die in Zukunft eine große Bedeutung für euch haben wird. Schaut genau hin und lasst diese Farbenergie auf euch wirken.

Alles, was bei euch gewirkt hat, darf sich per Lichtstrahl aus eurem Körper wieder zurückbilden. Der Hexaeder zieht sich aus eurer Aura zurück ins Universum, und ihr seid nun wieder so, wie ihr hier erschienen seid, doch voll in der Strahlung, in der Liebe und im Licht. Und so, wie ihr nun seid, schicke ich noch einmal meine Amadeii-Energie in euren Körper hinein, damit ihr kraftvoll transformiert werdet. Spürt die Kühle und gebt ihr die Kraft der Transformation. So soll es sein.

Atmet nun tief ein und aus, und noch einmal tief ein und aus. Seid wieder bewusst in diesem Raum, in eurem Körper. Bewegt euren Körper, eure Arme, seid wieder ganz im Hier und Jetzt. Ich möchte mich bei euch bedanken, dass ich hier zu euch sprechen und für euch wirken durfte, dass ich euch einen Weg aufzeigen durfte für die Neue Zeit. Und ich verabschiede mich in meinem Wirken heute bei euch mit meinem Gruß

Halleluja.

Innerer Frieden und Liebe pur (Live-Channeling)

Seid in Frieden, ihr Menschenkinder, seid in Frieden und im Licht. Das sind mit die wertvollsten Attribute, die euch der Eine für dieses Leben mitgegeben hat. Licht und Frieden – Manna für eure Seele. Licht und Frieden – Beruhigung für euren Geist. Licht und Frieden – ein Stopp an eure Vernunft.

So rufe ich euch auf: Kommt in euren Frieden, und nur in euren Frieden, der in euch, und nur in euch wirken kann. Es ist das Wertvollste, was ihr hier empfinden dürft: innerer Frieden. Innerer Frieden bewirkt eine Wahrheit, und in dieser Wahrheit dürft ihr leben. Wahrheit ist, wie ihr in eurer Existenz wirken dürft, unverfälscht, ohne Programme, die ihr in eurem Leben erfahren habt. Wahrheit ist das Leben und Wirken in eurem Sein, so, wie ihr seid, so, wie ihr ehrlich in euch fühlt und denkt.

Es ist die Zeit der Offenbarungen, um eure Wahrheiten deutlich zu machen. Ihr seid wahr, ihr seid real, ihr seid. Und in diesem Sein beinhaltet sich alles, was euch ausmacht, so, wie der Eine euch geschaffen hat – ohne Fälschung – in eurem Wirken und in eurer Weiterentwicklung.

Das ist die Voraussetzung für euren inneren Frieden, denn der innere Frieden wird von euch nicht nur gelebt, erlebt, sondern auch ausgestrahlt. Von euch über eure Seele nach außen transportiert, ein strahlendes Licht, das euch so zeigt, wie ihr seid. Der Eine erkennt euch allein an eurem Licht. Er kennt euer Strahlen, aber er kennt auch eure Schatten, die euch immer wieder verblenden oder von eurem Strahlen abbringen.

Ihr seid Licht des Einen, die höchste Energieform auf der Erde neben Mutter Erde. Mutter Erde ist Energie pur in ihrem Wirken und voll in der Liebe zu euch. Und alle eure Gedanken und Taten, die vom Licht abgewandt sind, fließen zu Mutter Erde und bedecken ihre Energie mit Schatten, die sie verarbeiten muss. So weint Mutter Erde oft für und um euch. So quält sich Mutter Erde oft für und um euch.

Mutter Erde ist für euch der Schoß in eurem Dasein, sie nimmt euch in ihrem Schoß beschützend auf, tröstet, stärkt und umsorgt euch mit allem, was ihr benötigt. Mutter Erde ist innige Verbindung, von dem Einen geführt und von Metatron in Liebe vereint. So ist Mutter Erde für euch Schutz, Nahrung, Licht und eine Energie, die euch auf eurem Weg begleitet.

Ihr seid pur auf diese Welt gekommen, und durch eure Erziehung und Umgebung wurdet ihr geformt, verändert. Ihr habt euer Licht in einen Schatten gebracht, der hier von mir bewusst für euch angesprochen wird, damit er für jeden Einzelnen von euch transformiert werden und diese Energie dann in Liebe zu Mutter Erde fließen kann, ohne sie weiter zu belasten.

Erkennt: Mit euren Worten, Taten und eurem Sein seid ihr in der Lage, die Informationen in die Welt zu tragen und das Für und Wider, das Hell und Dunkel in eurem Leben auf den Weg zu bringen. Erkennt den Blitz in euren Taten, Gedanken und Worten. Mit euren Gedanken, die schneller sind als alle Energien, die ihr sonst kennt, legt ihr eure Zukunft fest. So seid euch bewusst: Kontrolliert eure Gedanken und lasst keine Emotionen und Energien der Schatten über eure Gedanken in die Umgebung fließen. Seid euch eurer Gedanken und ihrer Geschwindigkeit bewusst. Sagt eher Stopp, wenn sich etwas zu schnell in euren Gedanken formiert. Sagt Stopp und überlegt, ob dieser Gedanke für euch im Positiven wirken und in eure Umgebung strahlen darf.

Dann fokussiert euch auf eure Worte. Seid vorsichtig in der Formulierung der Dinge, die ihr über eure Worte nach außen tragt. Seid vorsichtig mit allem, was ihr aussprecht, denn eure Worte sind Energien des hellen und des dunklen Seins. Eure Worte können lieben und aufbauen, aber auch zerstören und vernichten.

Und so lernt in eurem Wirken, das Wertvollste in euch in Liebe zu formen. Lernt, eure Gedanken in Liebe zu formen und dann eure Worte in Liebe zu formen und nach außen zu den anderen Menschenkindern kommen zu lassen. Denkt daran, dass eure Worte pure Energie sind, auch wenn euer Gegenüber ihren Sinn nicht versteht, aber ihren Klang, den Tonfall und die Absicht dahinter erkennt. Spürt eure Worte als Instrument der Liebe und wirkt in Zukunft in Liebe mit euren Worten.

Eins möchte ich euch noch mit auf den Weg geben: Wählt eure Worte sorgfältig, auch im Umgang mit euren Tieren und der Natur. Alle diese Bereiche reagieren auf die Energie der Liebe. Missachtung durch eure Worte erfahren diese Lebensformen ebenfalls als Missachtung. Geht in Respekt zu allem, was existiert, denn nicht nur der Mensch ist wertvoll.

Ihr Menschen auf der Erde erachtet euch als sehr wertvoll, und wir erkennen euren Wert, aber wir erkennen auch die Wertigkeiten der anderen Energieformen auf der Erde und in anderen universellen Bereichen.

In eurem Universum gibt es viele unterschiedliche Energieformen, mit denen ihr derzeit noch nicht sichtbar in Kontakt treten konntet. Wir müssen diese anderen Bereiche vor euch schützen, da eure Energien der Emotionen und Worte noch nicht in der reinen Liebe wirken. Die Energieformen im Universum hinter eurem Schleier sind hoch energetisch und sehr empfindsam. Durch eure derzeitigen Worte und Taten könntet ihr ihnen viele Verletzungen herbeiführen. So ist alles noch geschützt und behütet, bis ihr in der Lage seid, in der puren Liebe zu leben, zu reagieren und mit euren Gedanken zu agieren.

Und so möchte ich euch auf ein weiteres Thema hinweisen, das derzeit bei euch auf der Erde eure Gemüter erregt und eure Gedanken und Worte oft in die Verletzung bringt. Das ist der Umgang mit den Menschen, die aus der Not heraus zu euch kommen, mit der Hoffnung auf eure Hilfe.

Ja, ich kenne die Argumente von einigen, die der Meinung sind, die meisten kämen nur, um etwas von euch zu fordern, weil sie glauben, ihr lebt hier im Paradies. Und ich rufe euch zu: Ihr lebt im Paradies. Ihr habt dieses Leben hier wohlbehütet in Liebe erfahren dürfen. Ihr habt diesen Mangel und vor allem den Krieg hier nicht erleben müssen. Die Menschen, die zu euch kommen, lassen all das zurück, was wertvoll für sie war, um in eurem Land Schutz und Frieden zu finden.

Und ja, ich spüre eure Gedanken: „Aber sie sind nicht friedlich in ihren Gedanken und nicht friedlich zu uns." Auch das ist eine Form der Transformation, die diese Menschen – von euch vorgelebt – erfahren dürfen, um ihre eigenen Emotionen zu überdenken und dadurch zu erkennen, was innerer Frieden bedeuten kann. Diese Menschen haben ihren inneren Frieden verloren. Sie haben nichts außer ihrem Leben, und dieses geben sie in eure Hände mit der Bitte um Schutz.

Ich möchte euch aufrufen: Überdenkt auch diese Situation, gebt Frieden in eure Gedanken und in eure Worte und erkennt eure persönliche Aufgabe, die euch hier gestellt wird und die euch wachsen lassen soll – die Aufgabe, die den inneren Frieden in euch wirken lassen soll, denn innerer Frieden, von euch gelebt und ausgestrahlt, ist ein Signal an die Seelen der Menschen, die bei euch Schutz suchen.

Die Seelen in diesen Körpern leiden, weil sie einen heftigen Inkarnationsauftrag mitbekommen haben. Sie haben den Auftrag, in diesem Leben zu strahlen, obwohl sie in einem Bereich aufgewachsen sind, in dem sie in Missachtung vieler anderer Lebewesen wirken. Nicht nur Missachtung der Frauen, sondern auch der anderen Lebewesen, die ebenfalls in Liebe leben dürfen. Denn alle Lebewesen sind beseelt, und kein anderes Lebewesen hat das Recht, sich über ein anderes zu erheben.

Deshalb erhebt auch ihr euch nicht über andere. Ihr lebt im Paradies, also geht als Beispiel voran. Lasst den inneren Frieden bei euch größer werden, wirken, und strahlt ihn in eure Umgebung aus. Lasst diese Gedanken des Friedens zu den Menschen strahlen, lasst sie erkennen und zeigt an eurem Beispiel, wie man miteinander wirken kann. Lasst eure Worte und Gedanken in Liebe wirken. Kommt in eure Liebe und in euren inneren Frieden, damit ihr die Ruhe in euch spürt.

Das war meine Botschaft an euch. Denkt immer wieder in einer Situation, in der ihr mit fremden Energieformen in Kontakt kommt, in Frieden an meine Worte.

Meditation: Transformation eurer Emotionen

Nun möchte ich euch bitten, euch mit mir in eine Meditation zu begeben, die euch den inneren Frieden bringt.

Richtet euch auf, atmet tief in euren Körper hinein, lasst Licht in euren Körper fließen und atmet die Energie, die euch nicht guttut, aus eurem Körper wieder hinaus. Atmet ein und aus, werdet rein und verabschiedet die Energien, die nicht gut für euch sind.

Während ihr bewusst in euren Körper ein- und ausatmet, kommt von oben eine Energiepyramide über euren Körper und umhüllt ihn in Schutz und Liebe. Nehmt wahr, wie ein goldener Energiestrahl aus der Geistigen Welt in diese Pyramide hineinfließt. Vor eurem Herzen bildet dieser Energiestrahl eine goldene Lichtkugel, die immer größer und stärker wird. Die Lichtkugel ist kraftvoll und Nahrung für eure Seele, damit diese euch auf den Weg des inneren Friedens bringen kann.

Die Lichtkugel gibt kleine einzelne Energiekugeln ab, die in euer Herz fließen, in das Zentrum eurer Seele. Spürt die Kugeln in eurem Herzbereich, wie sie euer Herz beleben und dort munter Schwingungen hereinbringen. Lasst die Kugeln dort für euch wirken und macht einen tiefen Atemzug, damit euer Herz sich für diese Energiekugeln öffnen kann. Atmet tief ein und aus und lasst es zu.

Und weiter gibt die große Kugel voller Lichtenergien kleine Energiekügelchen ab, die zu eurem Solarplexus fließen, hineingleiten und Kontakt mit euren Emotionen aufnehmen, die euch in letzter Zeit beeinträchtigt haben. Gewährt den Energiekugeln die Erlaubnis, Kummer und Sorgen, Aggression und Wut aufzu-

spüren und an sich zu binden, damit ihr von diesen Emotionen befreit werdet. Spürt eine kühle, klärende Energie, die in diesem Bereich nun bei euch wirkt, und gebt den Kugeln die Erlaubnis, diese Emotionen an sich zu binden.

Wenn alle Emotionen, die nicht gut für euch sind, sich an die Kugeln angeheftet haben, fliegen diese aus eurem Körper hinaus und in die Pyramide hinein. Schaut euch bitte die Farbe dieser Kugeln an, schaut sie euch an. Es sind die Farben, die ihr in Zukunft meiden solltet, weil sie euch nicht guttun. Schaut genau hin. Ich schicke meine Transformationsenergie in die Pyramide, in euren Körper und in die Kugeln mit der Absicht, Aggression, Wut, Streit, Hass und Ärger in Liebe umzuwandeln.

Seht das Licht, das sich jetzt aus diesen Kugeln strahlend nach außen bewegt. Seht, wie sich die Kugeln in meinen Energien transformiert haben und wieder rein in ihrem Wirken sind. Die Energien, die transformiert wurden und sich verändert haben, dürfen die Pyramide verlassen und hoch ins Universum steigen, ohne Mutter Erde zu belasten. Gebt ab, was abzugeben ist, und spürt den ersten Schritt der Leichtigkeit in eurem Körper.

Als Nächstes werden von der Lichtkugel vor eurem Körper wieder kleine Energiekugeln abgegeben, die in euer Halschakra fließen und dort wirken dürfen. Alle Emotionen, die ihr im Halschakra angesammelt habt und die ihr nicht aussprechen durftet, alle Energien, die euch den Halsbereich gefestigt und sich wie eine Festung verhärtet haben, dürfen sich dort lösen. Ihr spürt einen Druck, einen Schmerz und Hustenreiz. Lasst bitte alles los. Gebt es aus eurem Halsbereich in die Kugeln hinein, es sei euch erlaubt, dass ihr euch von diesen Emotionen heute befreien dürft, ihr habt die Gnade der Befreiung. Lasst alles in die Kugeln hineinfließen, spürt den Schmerz in eurem Hals- und

Gaumenbereich, spürt ihn bewusst und gebt alles in die Kugeln hinein, so, wie es gut für euch ist. Atmet tief in euer Halschakra, gebt Luft und Energie hinein, damit es sich weiten, beleben kann und wieder frei für eure Atmung ist. Atmet frei in euren Körper hinein, ihr habt die Erlaubnis der Reinigung.

Die Kugeln verlassen euer Halschakra und begeben sich ebenfalls in die Pyramide. Die Energien werden wieder mit meiner Amadeii-Energie, die über die Pyramide zu diesen Energiekugeln fließt, transformiert. Und nach dem Transformationsprozess dürfen sich diese umgewandelten Energien hinauf ins Universum begeben und sich von euch verabschieden. Ihr spürt schon die Kühle um euch herum, die Kühle der Transformation in dieser Pyramide, die für euch wirkt.

Als Letztes wird von dieser Energiekugel eine weitere Energiekugel abgespalten, die zu eurem Dritten Auge ansteigt. Diese Energiekugel ist in reinem Kontakt mit der höchsten geistigen Ebene. Sie wird von eurem Dritten Auge angezogen und hat die Erlaubnis, in euren Kopfbereich einzudringen. Dort darf sie kraftvoll und stark für euch wirken. Spürt, wie die Kugel euren Geist klärt, euren Kopfbereich dehnt und eure Zellen dort aktiviert.

Ihr habt nun über das Dritte Auge eine Belebung eures Gehirnzentrums erfahren. Euer Geist, der sich dort einfindet, belebt sich, wird kraftvoller und stärker. Lasst die Energie dieser Energiekugel zu allen euren Gehirnzellen fließen und euer Bewusstsein erweitern, eure Anbindung an die Geistige Welt vertiefen. Seht, wie von nun an über euer Mandala ein Energiefluss nach oben stattfindet. Spürt, wie ihr in einer Energie der höchsten Formen an oben angebunden seid. Atmet tief ein und aus und lasst zu, dass diese Belebung für euch stattfindet.

Nun schließe ich euer Mandala, damit ihr wieder in eurem Raum seid. Die Energiekugel fließt über euer Drittes Auge hinauf in die Pyramide und von dort zurück in die große Energiekugel, um mit ihr wieder eine Einheit zu bilden. Alle Energien, die von der Kugel zu euch geflossen sind, dürfen bei euch bleiben. Die Energiekugel selbst verabschiedet sich von euch und verlässt die Pyramide. So seid ihr in dieser Pyramide nun pur, so, wie ihr in eurer Liebe und eurem Strahlen seid.

Und ich schicke meine Amadeii-Energie in die Pyramide, über euer Mandala durch euren ganzen Körper und transformiere, was noch zu transformieren ist. Und ein weiteres Mal schicke ich meine Energien über die Pyramide in euren Körper und kläre und reinige für euch, was zu klären und zu reinigen ist. Und ein letztes Mal schicke ich meine Amadeii-Energien in die Pyramide und in euren Körper mit der Bitte um Heilung von Verletzungen.

Die Pyramide hat ihre Aufgabe für heute erfüllt und verlässt euch. Über euer Mandala fließt sie wieder nach oben ins Universum. Ihr seid pur, ihr seid Licht. Und ich fordere euch auf: Atmet tief ein und aus und spürt, dass ihr wieder mehr Atem für euch habt. Atmet tief ein und aus und seid wieder ganz im Hier und Jetzt, wieder ganz bei euch. Öffnet eure Augen und bewegt eure Körperteile.

Ich verabschiede mich von euch und bedanke mich, dass ich hier für euch wirken durfte.

Ich bedanke mich mit meinem Gruß

Halleluja.

Weitere Details zu Engeln, Seelen und Seelenaufträgen

Amadeii, ich wurde gebeten zu fragen, wo die Engel und Erzengel wohnen. Haben sie einen eigenen Planeten?

Diese Frage ist sehr menschlich und für eure Vorstellung wichtig. Wir versuchen es so zu erklären, dass ihr Menschenkinder es verstehen könnt.

Die Heimat der Engel und Erzengel

Zu eurem Verständnis: Energien sind Lichtblitze und Lichtgestalten, die sich in keiner grobstofflichen Zusammenführung befinden und auch nicht in einer grobstofflichen Masse leben. Ausnahme ist eure Erde. Diese Energie, Mutter Gaia genannt, hat sich für ihre Aufgabe in die Grobstofflichkeit begeben und sich einen Energiemantel der Festigkeit umgelegt, damit auf ihr Menschen und andere Lebewesen in der Grobstofflichkeit leben und wirken können. Das ist wie eine Verkleidung einer Energie, um einen Auftrag in einer anderen Form ausführen zu können. Wenn der Auftrag entfällt oder erfüllt ist, braucht Mutter Gaia nur diese Verkleidung auszuziehen und ist wieder reine Energie in Form von Licht.

So geht es allen Energiewesen. Sie können Gestalten und Formen annehmen, indem sie sich verkleiden, aber das ist nicht ihr wahres Ich. Das haben einige Menschenkinder in der Vergangenheit in Form von Erscheinungen wahrnehmen dürfen.

Immer dann, wenn auf grobstofflicher Ebene eine Mitteilung übertragen werden musste, die von den Menschenkindern aufgenommen und verbreitet werden sollte, fanden mehrfach Marienerscheinungen statt, oder der Engel der Verkündung, Erzengel Gabriel, erschien den Menschen mit einer Botschaft. Viele ähnliche Erscheinungen gab es überall auf eurer Welt und bei Menschen unterschiedlicher Glaubensrichtung. Doch die Wirkung im Grobstofflichen war jedes Mal kraftvoll in der Absicht und Umsetzung.

Nun könnt ihr euch die Frage schon selbst beantworten. Wir haben keinen grobstofflichen Planeten, auf dem wir leben. Wir sind Licht und formieren uns nach Auftrag oder Verlangen zu einer Energieform des Lichts und wirken oder ruhen in dieser Formation so, als wären wir zu Hause auf einem Planeten. Nur alles schwebend, lichtvoll und leichter und jederzeit auflösbar.

Die universelle Masse oder auch Ursprungsmasse

Wenn ihr aber die Ursprungsmasse (universelle Masse), das energetische Feld des Einen, als Planet der Heimat meint, so möchte ich euch Folgendes erklären:

Diese Ursprungsmasse ist die Heimat allen Seins. Es ist die Existenz und die Leere zu gleichen Teilen und zur gleichen Zeit, aus der alles geboren wurde und in die alles letztendlich wieder zurückfließen darf.

Diese Ursprungsmasse ist Licht in seiner reinsten Form und Energie pur. Kraftvoll strahlend und wirkend in ihrer Existenz. Allerdings nicht grobstofflich und nicht als Planet, sondern als eine energetische Form des Lichts, in die alles verwoben ist, wie in einem Nebel, der alles zusammenhält, was dort hingehört. Diese Form des Einen ist weit entfernt und hält alles, was existiert, zusammen. Es umschließt alles, was existiert und strahlt. Dieses Licht umschließt wie eine Hülle alle anderen Existenzen und energetisiert sie aus ihrem Licht.

So ist es gegeben, dass einige Lichtformen immer wieder in die Ursprungsmasse, auch universelle Masse, zurückgeführt werden, damit aus ihnen wieder Neues entstehen kann. Es ist ein Kommen und Fließen in diesem Bereich, immer mit einer Veränderung und Absicht. Eine energetische Nebelhülle, die sich ständig verändert und ausweitet.

Die Ursprungsmasse ist aber nicht Heimatplanet für Engel und andere Lichtformen, sondern der Ursprung allen Seins.

Die Ursprungsenergie des Einen ist unsere Geburtsstätte, durch die wir kraft des Einen durch Gedankenenergie und Abspaltung entstanden sind.

Es gibt bei dieser Entstehung unterschiedliche Aufgabengebiete – so wollen wir es einmal nennen –, die mit unterschiedlichen Fähigkeiten, Aufgaben und unterschiedlichem Wissen belegt sind.

Reine Energieabspaltung aus der Ursprungsmasse kann zum einen Engelenergie in der lichten Strahlung sein oder eine Energieseele, die wieder zur Teilung für weitere Seelenenergien zur Verfügung steht.

Letzteres dient als sogenannte Heimat der Seelenenergien, die daraus entstehen. Also wieder nicht als ein Heimatplanet, sondern als Energie nahe der Ursprungsenergie, aber im feinstofflichen Bereich.

Engel und andere Lichtformen haben ihre eigene energetische Lichteinheit, in die sie sich zurückziehen und Energie tanken können. Das ist möglich durch die ewige Verbindung mit der universellen Masse, die ähnlich wie die Silberschnur bei euch funktioniert. Ewiges Verbunden-Sein und doch autarkes Arbeiten und Existieren ist gewollt und gewünscht.

In der universellen Masse werden als Zentrale von allem, was existiert, egal, in welcher Form, alle Informationen, Lehren, Erlebnisse und Aufträge vergeben, empfangen, ausgewertet und weitergeleitet. So, wie bei einer Mutter, aus deren Leib ihr empfangen, geboren und behütet wurdet. Eine Mutter weiß in den Anfängen eures Lebens alles über euch, und erst wenn ihr älter werdet, wird dieses Wissen reduziert, weil ihr euren eigenen Weg geht. Doch eine liebende Mutter fühlt trotzdem die Themen, die ihr Kind betreffen und sorgen.

Die Aufspaltung eines Menschen nach dem Ableben in Körper, Geist und Seele

Das Körperliche

Nach Ableben des Menschenkindes spalten sich die irdischen Energien in drei Teile. Das Körperliche geht den Prozess des Zerfalls und wird zu Mutter Erde zurückgeführt. Es kann bis zu drei Tagen dauern, bis Mutter Erde die Energie der körperlichen Hülle nach der sogenannten Bestattung in ihren Schoß aufgenommen hat. Der grobstoffliche Anteil zerfällt dann Stück für Stück und wird ein Teil von Mutter Erde. Auch bei einer Verbrennung fließt der energetische Anteil des Körpers zu Mutter Erde, und der umgewandelte Körper, sprich die Asche, wird der Erde zugefügt.

Der Geist

Der Geist geht direkt zurück zur universellen Masse, aus der er allein für die Begeistung des neu gebildeten Lebewesens abberufen wurde, um ein mit Geist erfülltes Lebewesen zu schaffen. Nach Beendigung der Begeistung ist der Auftrag erfüllt, und die Erlösung für den Geist ist in der universellen Masse zu finden. Aus dieser universellen Masse ist es euch normalerweise nicht gestattet, jemanden zurückzurufen oder um Antworten zu bitten. Erinnere dich bitte an einen Vorfall, den du selbst erlebt hast. Diesen kannst du den Menschen als Verdeutlichung schildern.

Eigene Erfahrung mit einem Geist

Diese verstorbene Energieform war in allen Leben als Arzt inkarniert und ein hervorragender Diagnostiker. Ich nenne sie hier Dr. Heribert. Sie wurde mir damals von Metatron benannt, um mir bei meinem anfänglichen Wirken als Heilpraktikerin bei Diagnosen Hilfe und Sicherheit zu geben. Immer wenn ich nicht sicher war, das Krankheitsbild eines Patienten richtig erfasst zu haben, rief ich Dr. Heribert, und er kam und analysierte mit mir systematisch den Patienten. Das war für mich ein wichtiger Prozess, um Sicherheit bei meinen Diagnosen und Behandlungen zu bekommen. Also eine Rückmeldung und Bestätigung, dass ich das Krankheitsbild meiner Patienten richtig erkannt und erfasst hatte.

Ich arbeitete viele Jahre mit Dr. Heribert zusammen, bis er mir eines Tages mitteilte, ich würde keine Rückversicherung aus der Geistigen Welt mehr benötigen, da ich in meiner Anbindung und in meiner Verantwortung die Patienten immer richtig erfasst hätte und nun der Tag des Abschieds gekommen sei. Dr. Heribert bat mich, keinen weiteren Kontakt mehr zu ihm aufzubauen und in Zukunft mir selbst zu vertrauen.

Mit den Worten:

„Du schaffst das nun allein, da du in Liebe zu den Patienten bist und ein Wissen hast, das dich bis jetzt immer zum Erfolg und zur Gesundung deiner Patienten geführt hat. Lerne Vertrauen und wirke in Liebe",

verabschiedete sich Dr. Heribert von mir, und ich fühlte mich danach doch recht verlassen und verunsichert.

Nach mehreren Jahren erfolgreichen Arbeitens in meiner Praxis hatte ich eines Tages einen Patienten, der sehr krank war, und ich bekam von der Geistigen Welt nach Anfrage den Auftrag, diesen Patienten zu heilen. Ich war erschrocken, da das Krankheitsbild des Patienten eine Herausforderung für alle Ärzte und Heilpraktiker und es in meinen Augen unmöglich war, hier zu helfen. Ich kam in die Überforderung, und Angst machte sich bei mir breit.

In diesem Moment erinnerte ich mich nach langer Zeit wieder an Dr. Heribert. Ich nahm meinen ganzen Mut zusammen und entschuldigte meine Missachtung des Verbots, diese Energie nicht mehr anzurufen, mit meiner Überforderung und mit der tödlichen Krankheit des Patienten.

Ich ging energetisch in mich und rief Dr. Heribert direkt an, ohne vorher Metatron um Erlaubnis zu bitten. Es tat sich eine lange Zeit nichts. Ich rief immer wieder Dr. Heribert an, bis ich aus weiter Ferne eine sehr schwere Energie, wie ein alter Mensch, der kaum noch laufen konnte, spürte. Sehr zäh kam diese Energie immer näher und war dann bei mir, langsam und benommen sprechend. Ich entschuldigte mich bei Dr. Heribert und trug mein Anliegen vor. Doch innerlich spürte ich, dass ich eine Grenze überschritten hatte.

Trotzdem war Dr. Heribert lieb und verständnisvoll zu mir und analysierte mit mir den Patienten und besprach auch die Heilweisen und Heilschritte mit mir. Danach machte er mir noch einmal mit liebevollen Worten deutlich, dass ich genau den richtigen Ansatz und Weg eingeschlagen und den Patienten auch ohne meine Anfrage wieder in die Gesundung gebracht hätte. Mit einem Hinweis auf mein sooft infrage gestelltes Selbstbewusstsein hinsichtlich meiner Fähigkeiten öffnete er mich energetisch noch mehr und baute mich auf.

Plötzlich sagte Dr. Heribert, dass nun seine Zeit bei mir endgültig vorbei sei und er sich für immer von mir verabschieden müsse. Beim Nachfragen, warum seine Energien mir am Anfang so schwer vorgekommen waren, erklärte er mir, er wäre nun in die energetische universelle Masse eingegangen und stehe somit den Lebewesen der Erde und anderer Existenzen nicht mehr zur Verfügung. Doch mein Ruf wäre so dringend und kläglich gewesen, dass er die Erlaubnis bekommen hätte, sich aus dieser universellen Masse herauszulösen und zu mir vorzudringen. Seine Energien waren voll im Licht und in der Leichtigkeit, und der energetische Weg zu mir und meinem Geist bestand für ihn aus Schwere. So hatte sich das für mich auch angefühlt.

Ich entschuldigte mich vielmals und hatte noch lange danach Schuldgefühle. Heute gehe ich meinen Impulsen, Dr. Heribert nochmals anzurufen, nicht mehr nach. Auch wenn Dr. Heribert sich aus Liebe zu mir aus seinem neuen Dasein herausgelöst hatte, wusste ich, dass ich eine Grenze überschritten hatte, die ich niemals mehr überschreiten durfte. Seitdem übe ich das Thema Vertrauen in meine Arbeit jeden Tag.

Die Seele

Die Seele als der dritte Bestandteil eines Lebewesens geht zurück in die sogenannte Geistige Welt der höheren Existenzen. Doch bevor sie den Rückweg komplett hinter sich gebracht hat, erfährt sie eine meistens zwei bis dreimonatige Reinigungsphase, eine sogenannte Regenerationsphase, in der sie alle Erlebnisse, die sie auf der Erde erfahren hat, in Liebe umwandelt. Alle Verletzungen können abheilen, damit sie wieder in ihrer

Kraft und Liebe wirken kann. In dieser Regenerationsphase solltet ihr Menschenkinder respektieren, dass die Seele ihre Ruhe benötigt und für einen Kontakt und einen Austausch nicht gerne zur Verfügung steht. Akzeptiert diese Phase der Ruhe und Erholung. Danach ist die Seele wieder bereit, mit den Menschenkindern, die den Seelenkontakt zu Verstorbenen herstellen können, zu kommunizieren.

Dann ist sie in der Generationsenergie angekommen, die wiederum keinen Planeten darstellt, sondern ein Energiebündel der größeren Art, in der sich die Energien der Seelen vereinen, die den gleichen Ursprung haben, bevor sie geteilt wurden und in die Wirkung eines Auftrags eingetreten sind. Hier werdet ihr auch eure Dualseele wiederfinden, die als Pol auf euch geschaut und gewartet hat.

Es ist ein Nach-Hause-Kommen für eure Seelen, und sie dürfen dort so lange bleiben, bis sie selbst wieder bereit sind, eine neue Aufgabe oder eine Inkarnation zu übernehmen.

Also wieder kein Planet, aber ein Energiefeld voller höchster Energien, das für die lichtvollen Seelen wie ein Planet wirkt. So ist es möglich, dass ihr auch während einer Meditation auf dem Planeten der Seelen eine Erfahrung machen könnt. Denn für euch wird dort alles bildlich dargestellt, und auch der Tempel der Heilung wird als Fata Morgana für den Heilungsprozess zur Verfügung gestellt. Für euch alles real, doch in Wirklichkeit ist alles reines Licht und Seelenenergie.

Exkurs: Phantasiereise in das Reich der Seelen

Atmet tief in euren Körper ein und wieder aus. Ihr fühlt euch wohl und kommt in eure Ruhe. Atmet tief ein und aus. Mit jedem Atemzug werdet ihr ruhiger. Ihr spürt euren Körper als einen schweren Teil, der fest auf die Erde gedrückt wird. Atmet weiter tief ein und aus. Eure Gedanken verabschieden sich. Nur noch die Ruhe um euch herum ist wichtig und wertvoll. Nehmt noch einmal einen tiefen Atemzug und fühlt euch wohl.

Während ihr ganz in eurer Ruhe und Mitte seid, kommt eine blaue Wolke in euren Raum. Amadeii begleitet diese Wolke, senkt sie hinunter auf den Boden und fordert euch auf, auf ihr Platz zu nehmen. Nehmt eine Position ein, in der ihr euch sicher und behütet fühlt.

Nachdem ihr euch auf der Wolke niedergelassen habt, verlässt sie diesen Raum, dieses Haus, und steigt immer höher. Es geht hoch ins Universum. Der Himmel verändert sich. Es wird dunkel, und du siehst tausende von Lichtern – Sterne. Es ist ein Flimmern und Strahlen. Alles ist in Bewegung.

Die Wolke zieht weiter durchs Universum, und die Erde entfernt sich immer mehr, weiter, bis sie nur noch als kleiner Punkt im Universum zu sehen ist. Die blaue Wolke und Amadeii bringen euch noch höher und weiter. Die Dimensionen ziehen an euch vorbei, und das Dunkel wechselt die Farbe in ein leichtes Lila mit Rosa. Und es verändert sich weiter. Nun ist die Farbe ein blasses Gelb.

Am Himmelsrand seht ihr einen Horizont, der in Perlmutt strahlt. Dorthin fliegt eure Wolke. Auf dem perlmuttfarbenen Horizont bildet sich ein energetischer Planet. Von oben seht ihr kleine Blumenformationen und Erhebungen, doch je mehr ihr

euch dem Planeten nähert, erkennt ihr, dass diese Blumenfor-
mationen kleine Häuser sind, in einer wunderschönen behag-
lichen einladenden Form, wie ein Blumenblatt. Ihr schwebt nä-
her heran, und nachdem ihr sicher gelandet seid, bedeutet euch
Amadeii, von der Wolke herunterzusteigen. Schaut euch um.
Wie sieht die Umgebung jetzt aus? Was könnt ihr erkennen?

Viele kleine Energiewesen kommen voller Freude auf euch
zu, lachen und tanzen mit euch. Sie frohlocken, weil sie euch
kennen, und laden euch ein, mit ihnen zusammen in den Garten
der Blumen zu gehen.

Ihr begebt euch durch ein Gartentor in einen mystischen,
wunderschönen Bereich, der allein den Pflanzen und Tieren vor-
behalten ist. Schaut euch um. Seht euch die Blumen und Bäume
an. Welche Farben haben die Blumen, welche Gestalt die Bäu-
me? Erinnern sie euch an irgendetwas? Geht weiter und erlaubt
euch eine Pause auf einer Bank. Betrachtet von dieser Bank aus
das Leben um euch herum.

Seht, wie alles um euch herum in Bewegung ist, wie auch
Energieformen über eure Köpfe fliegen und euch freudig einen
Gruß zurufen. Es ist ein Leben und Treiben in Liebe. Schaut euch
die Gestalten an. An wen erinnern sie euch?

Seht die Leichtigkeit in den kleinen, mittleren und großen
Figuren. Es sind Seelen, und zwar alles junge Seelen, die noch
nicht auf der Erde tätig geworden sind. Sie befinden sich noch in
der Ausbildung, um später den Menschen und anderen Wesen
dienend zur Seite zu stehen. Wir sind im Kindergarten und in der
Schule der Seelen gelandet.

Hört das Lachen der Seelen, das freudige Singen, den Über-
mut, das Tanzen. Auch Seelen müssen Entwicklungsschritte
durchlaufen, bis sie für die Menschen dienend tätig sein können.

Nun kommen einige der Seelen auf euch zu, strecken euch die Hände entgegen und bitten euch, ihnen zu folgen. Ihr geht voller Zuversicht mit ihnen einen Weg entlang, in dem Bewusstsein, dass ihr aufgehoben und beschützt seid.

Vor euch seht ihr einen Wasserfall, und die Seelen bitten euch, durch diesen hindurchzugehen und euch zu reinigen. Während ihr ihrer Bitte nachkommet, werdet ihr energetisch gereinigt. Ihr seid nicht nass und feucht, wie ihr das von der Erde kennt, sondern leichter und strahlender. Nach dem Bad im Wasserfall begebt ihr euch mit den jungen Seelen an einen großen Platz, wo auch viele erwachsene Seelen sind.

Am Ende dieses Platzes steht ein großer Sessel, in dem Amadeii sitzt. Er bedeutet euch, zu ihm kommen und euch neben ihn zu setzen. Als ihr Platz genommen habt, starten die Seelen ein Theaterstück für euch.

Ein Seele tritt vor und sagt: „Wir werden für euch euer irdisches Leben aufführen, das euch eure Fülle und euren Reichtum deutlich macht."

Einige Seelen kommen hinzu und nehmen die Gestalt von Menschen an, die ihr kennt. Sie zeigen euch in ihrem Theaterstück, ob diese Menschen gut für euch sind, oder ob ihr sie besser meiden solltet. Ebenso zeigen sie euch Hürden auf, die euch begegnen können, und wie ihr diese umgehen und auflösen könnt. Sie lösen durch ihre Aufführung eure Blockaden und vermitteln euch, wie Freude in euer Leben gelangen darf.

Dann betritt eine besondere Seelengestalt die „Bühne", und bei ihr ist eine Seele in Menschengestalt, ein Mensch, der schon lange nicht mehr auf der Erde ist, aber euch wichtig und wertvoll war. Dieser Mensch hat nun die Erlaubnis, euch hier und jetzt zu begrüßen und euch in die Arme zu schließen.

Steht auf und begrüßt dieses Menschenkind, das die Erde schon verlassen hat. Erzählt ihm all euren Kummer, den ihr seitdem gehabt habt, und lasst euch von ihm erzählen, wie wichtig seine Aufgabe nun ist.

Setzt euch gemeinsam an einen Strand und genießt die Gemeinsamkeit eurer Zweisamkeit, eure Nähe und euren Austausch. Es ist nun an der Zeit, all das nicht Gesagte auszusprechen. Alles Verborgene, das ihr euch zu Lebzeiten nicht getraut habt zu äußern, darf nun über eure Lippen kommen. Ihr dürft alles sagen, was ihr empfindet. Dazu habt ihr noch einmal die Möglichkeit.

Ihr fühlt euch wohl und glücklich durch die Anwesenheit dieses Menschenkindes. Amadeii tritt hinter euch, berührt beide Bereiche eurer Herzen, und ihr könnt spüren, wie die Liebesenergie von einem zum anderen fließt. Ihr seid in Liebe verbunden, und das kann euch niemand nehmen – niemand.

Von oben kommen viele kleine, glitzernde Sterne auf euch nieder. Ihr fühlt euch beschwingt und glücklich, fasst euch an den Händen und tanzt mit den jungen Seelen. Euch geht es gut.

Während ihr euch ausgelassen und glücklich eurem Tanz hingebt, kommt durch ein Tor eine weitere Seele, die sich vor euch verbeugt, euch an die Hand nimmt und euch auffordert, ihr zu folgen. Sie führt euch in einen Bereich eines früheren Lebens und fordert euch auf, dieses frühere Leben, verbunden mit einem tiefen Wunsch von euch, zu erfahren.

Geht den Weg und erfahrt dieses erfüllende Leben. Erfahrt, was euch einmal glücklich gemacht hat. Erfahrt, was einmal für euch das Höchste aller Gefühle gewesen war. Während ihr hellwach und bewusst den Weg entlanggeht, kommen wieder die jungen Seelen zu euch. Voller Freude und fröhlich führen sie euch wieder zurück zu dem Platz, an dem sich alle Seelen treffen.

Schaut euch die Seelen an. Welche Farben und Formen haben sie? Könnt ihr durch sie hindurchsehen? Welche Kleider tragen sie? Aus welchem Stoff sind die Kleider? Woran erinnern euch die Kleider? Sehen alle gleich aus?

Erkennt in den jungen Seelen die Fröhlichkeit und das Lachen und nehmt es für euch mit. Werdet wieder wie die Kinder, fröhlich und allzeit bereit, zu lachen. Wenn ihr lacht, klingt das bis hoch ins Reich der Seelen. Lachen ist Freude. Und Freude ist Nahrung für die Seele.

Während ihr das alles auf euch wirken lasst, kommt Amadeii und fordert euch auf, wieder mit ihm zurückzugehen. Spürt in euch hinein. Wollt ihr zurückgehen? Nein!

Da ist eine Sehnsucht in euch, in dieser Leichtigkeit zu bleiben. Doch für diese Zeit seid ihr noch nicht reif genug. Aber ihr hattet die Gnade, heute diesen Ort kennenzulernen. Bedankt euch bei den jungen und bei den erfahrenen Seelen. Und bedankt euch bei dem Menschenkind, das euch noch einmal begegnen durfte.

Ihr umarmt dieses Menschenkind voller Liebe und verabschiedet euch. Dann begebt ihr euch zu Amadeii, der euch durch den Garten zu der blauen Wolke führt. Ihr seht rechts und links die wunderschönen Häuser, geformt wie Blütenblätter. Sie wirken unwirklich, und trotzdem beruhigend und liebevoll.

Dann steigt ihr wieder auf die blaue Wolke. Amadeii nimmt die Wolke in seine Energien, damit ihr sicher sitzen könnt. Die Wolke erhebt sich von diesem Planeten, und die Seelen jubeln und winken euch zum Abschied. Ihr wisst, es ist kein Abschied für immer.

Immer höher steigt ihr, und der Planet entfernt sich immer weiter von euch. Ihr kommt wieder in das Farbenspektrum der anderen Dimensionen, und ihr merkt, wie diese Farben fröhlich tanzen und leuchten. Und es geht weiter zurück durch die Dimensionen, bis ihr wieder in eurem Universum angekommen seid.

Ihr seht das dunkle Blau im Universum, das euch immer näher zu Mutter Erde führt. Und dann könnt ihr aus der Ferne schon die Erde sehen, worauf Amadeii zielstrebig zusteuert. Ihr kommt in den Einzugsbereich der Erde und senkt euch mit der Wolke tiefer und tiefer. Dann seid ihr an eurem Haus angekommen. Die Wolke senkt sich in das Haus hinein und setzt euch vorsichtig in diesem Raum auf dem Boden ab. Ihr steigt von der Wolke herunter und setzt euch auf euren Platz.

Während ihr erfüllt seid von allem, was ihr erlebt habt, reicht euch Amadeii einen Stern aus Perlmutt. Es ist ein Stern aus dem Reich der Seelen. Diesen pflanzt in euer Herzzentrum, damit die Erinnerung an die Seelen für immer in euch präsent ist und Freude, Heiterkeit und Frieden in eurem Herzen einkehren können.

Dann verabschieden sich Amadeii und die blaue Wolke und ziehen sich zurück, bis sie nicht mehr zu sehen sind.

Ihr seid wieder präsent in eurem Raum und fühlt euch schwer an. Eben war alles so leicht. Atmet ein und aus und fühlt wieder Leben in euren Körper hineinfließen. Atmet tief ein und aus. Bewegt eure Hände und Füße. Reckt und streckt euch. Seid wieder ganz bewusst im Hier und Jetzt. Seid wieder ganz hier.

Der Aufstieg der verstorbenen Seele

Amadeii, erleben alle Seelen von Verstorbenen diese Regenerationsphase und kehren dann zurück in ihre Generationsenergien?

Es ist ein trauriges Geschehen, das du hier ansprichst. Nein, nicht alle Seelen schaffen nach ihrem Wirken auf Erden den sogenannten Aufstieg in die Energien ihrer Generationen.

Der Freitod

Seelen, die durch den Freitod gewaltsam aus dem Körper geschleudert werden, haben ihren Auftrag zusammen mit dem Menschenkind noch nicht erfüllt. Das wäre eigentlich nicht schlimm, denn in einer neuen Inkarnation hätte die Seele die Möglichkeit, einen neuen Auftrag mit ähnlichem Thema zu durchleben. Doch die Seele hat in diesem Augenblick oft das Gefühl des Versagens und schlägt aus Scham die Rückkehr zu ihrer energetischen Familie aus.

Sie verbirgt sich in den Zwischendimensionen (bei der Dritten Dimension dient die Vierte Dimension als Zwischendimension, bei der Fünften Dimension dient die Sechste Dimension als Zufluchtsort für geächtete Seelen.) Das ist ein dunkler Raum, und viele Schatten wirken dort und versuchen, diese Seelenenergien dort zu halten. Hier ist es die Aufgabe der anderen Lichtwesen, diese Seelen zu suchen und ihnen die Hand für den Aufstieg ins Licht zu reichen. Doch das Auffinden dieser Seelen in den Zwischendimensionen ist die schwierigste Hürde, die diesem Auftrag entgegensteht.

Auch hier hast du aus deinem eigenen Wirken eine Erfahrung, die du den Menschen schildern könntest. Tu es, es dient zum besseren Verständnis für alle.

Exkurs: Elgene Erfahrungen durch den Freitod einer lieben Bekannten

Eines Nachmittags wurde ich von dem Ehemann einer lieben Bekannten angerufen mit der Frage, ob seine Ehefrau bei mir sei, sie wäre zu einer Verabredung nicht erschienen. Ich verneinte, und eine Stunde später rief er völlig aufgelöst nochmals bei mir an und erzählte mir, dass er seine Ehefrau zu Hause in einem Zimmer gefunden hätte, an einem Strick erhängt. Für eine Reanimation wäre es zu spät gewesen. Ich war entsetzt und fuhr auf Wunsch des Ehemanns mit meinem Mann zu ihm nach Hause, um ihm seelischen Beistand zu spenden.

Bei dem Ehemann und seinen Kindern war pures Entsetzen, Leid und Hilflosigkeit zu spüren, was mich sehr schmerzte. Gleichzeitig kreisten mir eigene Gedanken durch den Kopf. Hätte ich es merken müssen? Hätte ich es verhindern können? Was trieb eine gesunde und bildhübsche Frau Mitte vierzig in den Freitod? Nachdem weitere Helfer, wie Psychologischer Dienst, Freunde und Familienangehörige, eingetroffen waren und die Leiche abgeholt worden war, zogen mein Mann und ich uns zurück und fuhren nach Hause, immer mit dem Gedanken: Warum?

In der Nacht war die Seele der Verstorbenen bei mir und versuchte, Kontakt herzustellen. Morgens ging ich in meinen geschützten Praxisraum, ließ den Kontakt zu und stellte ihr viele

Fragen. Es kam heraus, dass die Verstorbene mit einer Veränderung in ihrem Leben nicht einverstanden gewesen war und dieser Freitod eine Bestrafung für eine bestimmte Person darstellen sollte. Während des Kontakts wurde mir von der Seele auch gesagt, dass diese Art des Freitods so schrecklich gewesen und in dem Todeskampf die Erkenntnis gekommen wäre, das Leben doch vorzuziehen. Hätte sie noch einmal die Wahl gehabt, hätte sie sich für das Leben entschieden.

In diesem Channeling wurden alle Fragen und Absichten beantwortet. Ich stellte es dem Ehemann zur Verfügung, da das Warum alle beteiligten Familienmitglieder beschäftigte. Der Ehemann konnte selbst entscheiden, wem er das Channeling zu lesen geben wollte.

Ich selbst sah während des Kontakts die Seele von einem dunklen Licht umhüllt. Sie bat mich um Hilfe, sie ins Licht zu bringen. Vorerst konnte ich aber nur mit aller Anstrengung die Schatten um ihre Seele herum auflösen, damit sie wieder in ihrem eigenen Seelenlicht erstrahlen konnte.

Nach der Beerdigung traf ich mich mit einer Freundin bei uns im Garten. Dort bauten wir ein Energienetz auf und bereiteten das Licht in die Geistige Welt vor. Dann luden wir die Seele der Verstorbenen ein, zu uns zu kommen und in den Aufstieg zu gehen. Die Seele hatte mittlerweile Ängste und Zweifel aufgebaut, unwürdig für den Aufstieg zu sein, und wollte sich an uns haften. Das unterbanden wir mit Liebe und brachten sie in Begleitung ihrer Helferenergien zum Aufstieg. Danach luden wir noch weitere verirrte Seelen ein, die Chance des Aufstiegs anzunehmen. Es war ein erfolgreicher Nachmittag für die verloren gegangenen Seelen und die Geistige Welt.

Seit diesem Freitod ist die Familie zerrüttet durch gegenseitige Vorwürfe, Angriffe und Schuldzuweisungen. Keiner der Familienmitglieder ist glücklich. Es war ein regelrechter Stopp in ihrem eigenen und im gemeinsamen Leben.

Bei mir spürte ich ebenfalls eine Blockade, die mich lange Zeit veranlasste, keine Seminare und energetische Arbeiten für andere auszuführen. Während ich der Familie der Verstorben weiterhin hilfreich zur Seite stand, arbeitete ich für mich in einem Prozess von Entsetzen, Hilflosigkeit bis zur Wut meine Emotionen ab, bis ich in der Lage war, loszulassen und den freien Willen meiner Bekannten zu akzeptieren.

Eineinhalb Jahre nach diesem Freitod hatte ich das Verlangen, mit der Seele meiner Bekannten Kontakt aufzunehmen. Wie immer bei einem Seelenkontakt fragte ich bei Metatron nach, ob es mir erlaubt war, mit dieser Seele Kontakt aufzunehmen.

Dieses Mal unterband Metatron mir diesen Kontakt mit dem Hinweis, dass die Seele noch in der Erholungsphase wäre. Sie wurde von den Emotionen der Angehörigen immer noch in die Schuld getrieben und konnte dadurch nicht endgültig regenerieren. Aus diesem Grund wollte Metatron nicht, dass die Seele aus ihrem Erholungsmodus herausgeholt wurde. Ich nahm das an und bat Metatron, der Seele meiner Bekannten zu sagen, dass ich sie vermissen und ihr viele liebevolle Gedanken senden würde. Danach kam ein Energieschauer der Liebe zu mir, den ich als Dankeschön auslegte.

Warum ich das hier in dieser Deutlichkeit aufschreibe? Ich möchte, dass alle, die es lesen, sich bewusst machen, was ein Freitod für die Seele bedeutet. Bitte lasst alle Menschen, die gedanklich mit dem Freitod spielen, sich diese Zeilen durchlesen. Vielleicht bringt es ja noch eine Veränderung in ihrer Absicht.

Nicht jeder kennt einen Lichtarbeiter, der der Seele helfen kann, so, wie ich es getan habe.

Es gibt für alles eine Lösung. Doch wenn man einmal an dem Strick hängt, ist die Erkenntnis, dass das Leben doch die bessere Variante gewesen wäre, zu spät.

Der unerledigte Seelenauftrag

Es gibt Seelen, deren körperliche Hülle früher verstirbt, sodass der Auftrag, der für dieses Leben geplant war, nicht erfüllt werden kann. Diese Seelen können ebenfalls den Aufstieg aus Scham verwehren. Doch ihr Vergehen ist nicht so schwer in ihren Energien, sodass sie sich meistens in den höheren Schichten der Zwischenwelten aufhalten und dann schneller dem Ruf ihrer Seelengeschwister folgen können.

Die verwirrte Seele

Ein weiterer Prozess, der den Aufstieg in die Generationsenergien verhindern kann, ist, dass die Seele nicht wahrhaben will, dass der menschliche Körper nicht mehr existiert. Das kann passieren, wenn eine Seele durch ein äußeres Ereignis (zum Beispiel einen Unfall) ohne vorherigen Hinweis aus dem Körper herausgeschleudert wird. Diese Seele versucht, sich an andere Lebewesen anzubinden, um so an oder in dem Körper eine neue Hülle zu finden und eine Existenz außerhalb des alten Lebewesens aufzubauen. Auch das ist keine gute Voraussetzung für die Regeneration der Seele.

Diese Seelen müssen bewusst aufgespürt und überredet werden, den Weg ins Licht zu gehen. Hier sind jederzeit Helferlichter aus der Geistigen Welt bereit, die Seele ins Licht zu bringen. Doch die Seele muss diesen Schritt freiwillig gehen. Einige Menschenkinder auf der Erde haben bereits die Fähigkeit, ein Energienetz des Lichts aufzubauen und die Seelen einzuladen, den Weg nach oben anzutreten. Dieser Prozess ist dir bekannt und wird auch von dir dankenswerterweise durchgeführt.

Von Schatten manipulierte Menschenkinder

Dann gibt es noch Seelen, die in einem Körper inkarniert waren, der von Schatten verhüllt war, die einen Menschen mit aller grobstofflicher Aggression und Gewalt verführt haben, den Weg des Lichts zu meiden. Auch diese Seelen haben oft einen Schock, der sie daran hindert, den Weg in die Regeneration und zu ihren Generationsenergien zu gehen. Hier darf die Seele eingeladen werden, ins Licht zu gehen, indem ihr deutlich gemacht wird, dass nur ihr Geist im Schatten wirkte und sie, die Seele, lichtvoll war und somit das Recht hat, ohne Schuldgefühle aufzusteigen.

Der Seelenauftrag als Maß aller Dinge

Doch ihr, die ihr diese Worte lest, braucht keine Angst zu haben. Der überwiegende Teil der Seelen erlebt den Prozess des Aufstiegs in Liebe. Die Verfehlungen auf der Erde müssen sehr gravierend sein, um einer Seele den Aufstieg auszureden.

Wir erwarten von euch kein Leben als Heilige und auch kein enthaltsames Leben. Im Vordergrund steht der Seelenauftrag in Liebe. Selbst der Versuch, diesen Auftrag zu erfüllen, reicht, um ins Licht zu finden. Menschenkinder, die sich vom Licht abwenden und sich in den Auftrag der dunklen Schatten begeben, deren Seelen haben es schwerer, sich nach dem Ableben dem Licht wieder zuzuwenden. Doch wir stehen immer hilfreich zur Verfügung. Wir ehren alle Seelen, da alle das Licht in sich tragen, auch wenn es manchmal verdunkelt erscheint.

Wann entscheidet die Seele zu gehen? Ist der Termin vorherbestimmt, oder kann die Seele sich während der Inkarnation noch umentscheiden?

Das ist für euch Menschenkinder die Frage, die ihr oft als schicksalhaft anseht, doch ist es allein die Frage nach der Existenz eures irdischen Seins, die hier deutlich wird.

Es ist geboten und gesetzt, dass eine Seele, bevor sie inkarniert, alle Stationen samt ihrer Umwege im Voraus festsetzt, Hilfen plant, Menschen mit in die Situationen einwebt, die in gewissen Stationen hilfreich zur Verfügung stehen, und das für den Lebensauftrag mit einreicht. Dieser Lebensauftrag, der als Lern- und Seelenauftrag von dem Einen und den Generationsenergien gezeichnet wird, dient ab dann als Richtwert für die Zeit, die eine Seele benötigt, um diese Erfahrungen, zum Beispiel bei euch auf der Erde, zu durchleben. Das steht also plus/minus von Anfang an fest.

Die Erfahrung der Seelenaufträge hat je nach Inkarnation der räumlichen Gegebenheiten und Sonderbedingungen gezeigt, dass manchmal ein größerer Zeitauftrag nötig wird, da die Rahmenbedingungen in dieser Inkarnation heftiger sind als in anderen räumlichen Inkarnationen. Dann wird der Zeitrahmen verlängert. Unter räumlichen Gegebenheiten verstehen wir die Gegebenheiten des Planeten, auf dem die Seele inkarniert. Diese räumlichen Gegebenheiten können einen Auftrag erschweren.

Zu eurem Verständnis: Auf eurer Erde besteht die besondere Gegebenheit der allgemeinen Schwingungsebene von Emotionen und Gefühlen. Die gesamte Erde ist eingehüllt in diese Energien, die dann, gepaart mit dem freien Willen, den Seelenauftrag schon einmal auf den Kopf stellen können. So sind viele Lebewesen oft verleitet, ihren Seelenauftrag nicht in direkter Wegformation zu erfüllen, sondern Umwege und sonstige Alternativen mit auszuprobieren, bis der Auftrag erfüllt werden kann. Demnach ist allein den Emotionen, Gefühlen und dem freien Willen, der bei euch auf der Erde herrscht, geschuldet, dass es eine Variable bei euch einzubauen gilt, die für solche Situationen einen Puffer bereitstellt, um die Umwege durch diese besonderen Gegebenheiten mit einzuplanen.

Das sind die geplanten Voraussetzungen für den Seelenauftrag, bevor eine Inkarnation überhaupt stattfinden kann.

Das Ziel der Inkarnation wird wie in einem Zentralregister notiert und von einer Wesenheit der höchsten Daseinsform mit dem Klang *Lanidae*, stellvertretend für den Einen, betreut und beaufsichtigt. Sollten Fragen hinsichtlich des Seelenauftrags entstehen, ist diese Wesenheit Lanidae von der einzelnen Seele zu befragen, und Klärung ist möglich.

Dann entsteht die Vereinbarung zur Inkarnation, und die Seele begibt sich in den festen Raum eines Lebewesens, um dort an ihrem Seelenauftrag zu wirken. Alle Parameter und Variablen sind der Seele bekannt, und sie wird bemüht sein, die Erfahrungen zu machen.

Oft ist es aber so, dass eine Seele in den Mutterleib inkarniert und mit der Enge und den dort wirkenden Emotionen nicht klarkommt, vielleicht sogar Angst entwickelt. Das ist oft der Fall bei sehr jungen Seelen oder Seelen aus den Schattenreichen, die plötzlich wieder Angst vor dem Versagen haben. In solch einer Situation ist es der Seele möglich, durch den Kontakt mit der Wesenheit Lanidae den Seelenauftrag aufzuheben und wieder in ihre energetische Heimat zurückzugehen. Ohne Wenn und Aber, ohne Reue oder Vorwurf. Allein in Frieden.

Es ist dann der Auftrag von Lanidae, entweder eine andere Seele für diese Inkarnation zu suchen, oder die Inkarnation für diesen Augenblick zu streichen. Findet sich eine neue Seele, ist die Harmonie der Generationsenergien etwas verwischt, da eine Fremdseele nun in eine Familie inkarniert, die diesen Generationshintergrund energetisch nicht aufweisen kann. Für die Seele ist für diese Inkarnationszeit das Gefühl des Alleinseins besonders schwer, und das Lebewesen hat während der ganzen Lebensdauer eine innere Traurigkeit in sich, die nicht zu erklären ist.

Sollte Lanidae keine Seele finden, die diesen Inkarnationsauftrag übernehmen möchte, entsteht ein körperliches Verabschieden der schon gebildeten neuen Lebensform, eine sogenannte Fehlgeburt findet statt. Oft sehr traurig für die Lebensform und ihre Familie. Doch hier gilt, dass der Seelenwunsch höchste Priorität hat.

Wenn eine Lebensform endgültig geboren wird, ist sie beseelt mit allen Konsequenzen, die die Seele als Bedingung eingegangen ist. Der Auftrag beginnt mit dem Tag, an dem die Lebensform in Kontakt mit ihrer Erdenfamilie geht. Ich spreche hier bewusst von Lebensform, da es nicht nur die menschliche Lebensform betrifft, sondern alle beseelten Lebensformen, die existieren. Sei es die Tierwelt, die Natur, die Pflanzenwelt oder die Welt der Minerale. Alle sind in einer gewissen Form beseelt und haben eine energetische Existenz in sich. Das anzunehmen wird vielen von euch Menschenkindern schwerfallen, doch nach dem Aufstieg werdet ihr dieses Wissen und diese Erkenntnis nicht nur sehen, sondern auch spüren dürfen.

So ist es gesetzt, dass die Lebensform ihrem Seelenauftrag gemäß Erfahrungen sammeln darf und muss, die später der Generations- und der gesamten universellen Energie zur Verfügung gestellt werden, und zwar ohne Wertung. Alles ist Erfahrung.

Wenn der Seelenauftrag erfüllt und der Zeitpunkt stimmig ist, darf sich die Seele verabschieden und sich aus ihrer Enge wieder in die energetische Weite zurückziehen. Auch wenn der Seelenauftrag früher erfüllt wurde als geplant. Das wird von euch als Sterbeprozess oder Tod angesehen. Doch danach fängt das Leben in Leichtigkeit und Liebe für die Seele wieder an. Es ist für die Seele eine Befreiung. Ein Halleluja.

Sollte die Seele ihren Seelenauftrag schneller erledigt haben, kann sie bei Lanidae einen Antrag stellen, dass sie weitere Seelenaufträge in dieser Lebensform mit einbauen darf. Dieser Antrag bedarf der Klärung und der Genehmigung nicht nur von Lanidae, sondern hier wird der Nutzen der Generationsenergien mit angefragt, und auch der Eine entscheidet die Neuausrichtung des Seelenauftrags mit.

Sollte die Genehmigung erteilt werden, beginnt die Seele in ihrem schon bekannten Körper einen Neubeginn mit einem festen Terminplan bis zum Ende, den ihr auf der Erde oft schon registriert habt, indem durch einen Unfall oder ein Schockerlebnis plötzlich eine veränderte Lebensform erlebbar wird, die auch der Umgebung auffällt. Achtet in Zukunft verstärkt auf solche Veränderungen in eurer näheren Umgebung. Solche neuen Seelenaufträge sind keine Seltenheit.

Soll die Seele aber andere Aufgaben in der Geistigen Welt übernehmen, wird diesem Seelengesuch nicht stattgegeben, und die Seele muss den Körper verlassen.

Hier registrieren wir in der Geistigen Welt oft das Einschreiten eurer Medizin, indem ihr eine Seele, die ihren Lebensauftrag erfüllt hat, mit dem technischen Mittel des Defibrillators wieder in ihren Herzensraum zurückruft. Macht euch hierüber einmal Gedanken. Erkennt die Verantwortung der Menschen gegenüber der Seele und ihrem Auftrag.

Die Seele hat gerade auf eurer Erde oft den Konflikt, nicht gehen zu wollen, aber zu müssen, und so ist für sie durch den Antrag der Abschied schmerzhaft. Hier haben wir in der Geistigen Welt ein eigenes Regenerationsprogramm für die Seelen entwickeln müssen, um die Seelenerfahrung des schmerzhaften Zurückholens wieder in die Harmonie und in die Liebe zu bringen. Doch wenn ihr Menschenkinder bewusster werdet, werden diese Situationen und Entscheidungen gegen den Zeitpunkt nicht mehr eintreten.

In anderen Bereichen des Universums gibt es solche Emotionen nicht. Die Beendigung des Seelenauftrags ist der Zeitpunkt der Verabschiedung ohne Schmerz. Allein die Freude über die Erfüllung des Seelenauftrags und die Erfahrung während dieser Zeit beherrscht den Abschied von der Seele.

Dann gibt es noch den Fall, dass die Seele ihren Seelenauftrag trotz vieler Bemühungen noch nicht erfüllt hat, der Zeitpunkt der Verabschiedung jedoch naht. Hier wird wieder in Kontakt mit Lanidae ausgehandelt, ob noch weitere Zeit zur Verfügung gestellt wird, oder ob der Auftrag in einer anderen Inkarnation mit anderen Voraussetzungen erfüllt werden soll.

Ihr seht, auch während eurer Lebenszeit wird immer liebevoll über euch gewacht und für euch gesorgt. Nachts, wenn ihr Menschenkinder oder die anderen Lebensformen in eine Ruhephase des tiefen Schlafs gelangt, ist es der Seele erlaubt, durch Abspaltung eines Anteils auf Energiereise zu gehen. Das sind die Momente, in denen die Seele sich wieder leicht fühlen kann und die sie für sich als Form der Erholung und des Energie-Auftankens benötigt.

Junge Seelen werden nachts zur Schulung abgeholt, damit sie weitere Informationen erhalten, die sie für ihre Daseinszeit in der körperlichen Hülle benötigen.

Solche Seelenabspaltungen habt ihr schon mehrfach miterlebt. Vielleicht ist es dem einen oder anderen schon einmal bewusst geschehen, dass er durch eine Lärmquelle aus dem Schlaf gerissen wurde und seine Seele noch nicht 100-prozentig wieder in dem körperlichen Sein eingetroffen war. Das ist der Zeitpunkt, in dem ihr Zugriff zu der Zwischenwelt habt und Energiewesen sehen könnt, die sonst eurem Auge nicht zugänglich sind.

Die jungen Seelen haben oft einen Verzug bei ihrer Rückkehr, sodass junge Kinder wach werden, aber doch noch nicht erreichbar und ansprechbar sind. Ein Schütteln und Rufen kann das Bewusstsein der Kinder nicht durchdringen, bis die Seelenaspekte wieder komplett im Körper vereint sind.

Ihr seht, die Seele, ihr Seelenauftrag und ihr Wirken in dem festen Körper einer Lebensform sind für euch ein Mysterium, das ich euch hier ein wenig nähergebracht habe, so, wie ihr es derzeit verarbeiten könnt. Seid im Frieden und gebt in Zukunft eurer Seele bitte mehr Aufmerksamkeit. Es hilft ihr, sich bei euch wohlzufühlen und mit euch gemeinsam den Seelenauftrag harmonisch zu erfüllen.

Halleluja.

Lebendspenden

Amadeii, du hast uns viel über Organspenden erzählt. Jetzt kommt die Frage auf: Was sagt die Geistige Welt zu Lebendspenden?

Bei Lebendspenden gibt es einen gravierenden Unterschied zu den Organspenden, die den Tod der Lebewesen in Kauf nehmen. Bei der Lebendspende finden die gleichen Organkriterien und Argumente statt, die auch bei einer anderen Organtransplantation gelten. Das Organ ruft immer wieder nach seiner Schöpfung und der Zellenergie seines Ursprungs, ohne die Resonanz im neuen Körper zu finden. Doch hier gibt es eine Variante, die es dem Organ leichter macht, zu existieren: die Liebe des Spenders.

Eine Lebendspende wird aus selbstloser Liebe und in einem harmonischen Ausgleich der DNA vorgenommen. Das bedeutet, dass der Spender und der Empfänger aus einem identischen Seelenursprung gekommen sind, die eine Grundinformation der Seelenquellen in sich tragen. Diese Grundinformation basiert auf einer identischen Existenz in den Generationsenergien, die harmonisch und im gleichen Klang schwingen. So ist es dem transplantierten Organ möglich, einen Sender in der geistigen und in der irdischen Welt zu finden, der immer wieder das Signal der Existenz und des Fließens in das gespendete Organ schicken kann.

„Du bist in deiner Existenz nicht allein, und alles ist noch in der göttlichen Einheit." Diesen Klang erhält das gespendete Organ immer wieder und ermöglicht es den Zellen, weiter in Harmonie zu existieren und zu funktionieren, ohne Angst und

Gefühle des Allein-Seins und des Verlassen-Seins aufbauen zu müssen. Das ist eine wesentliche Voraussetzung für das gespendete Organ, die Harmonie und Gleichklang in der Funktion ermöglicht.

Ebenfalls ist es für den Empfänger viel leichter, dieses Organ anzunehmen. Die Abstoßreaktionen sind minimal bis null, da die Ursprungsenergien identisch sind. Auch hier haben wir eine Voraussetzung, die uns diese Art der Spende als ein Geschenk von einem Lebewesen an ein anderes ansehen lassen.

Der Spender steht stark in der Liebe zum Empfänger, da er sonst diesen Schritt niemals ausführen würde. Doch die liebevolle Verbindung zum Empfänger baut eine Liebesbrücke auf, die beide Körper in Schwingungseinheit umhüllen. So ist auch von dieser Seite die Handlung ein Geschenk in Liebe, das angenommen werden darf.

Ein weiterer Aspekt bei einer Lebendspende ist der Überfluss. Es kann und darf nur etwas gespendet werden, was dem Spender ein Weiterleben ohne organischen Mangel ermöglicht. Das bedeutet, dass nur ein oder ein mehrfach vorhandenes Organ entnommen werden darf, ohne den Spender zu gefährden.

Ein oft funktionierendes Verfahren, das bei euch auf der Erde ausgeübt wird, ist die Knochenmarkspende. Es findet sich bei dieser Lebendspende ein Zellinformant, der Ursprungszellen mit gleichem Klang und DNA-Ähnlichkeit vorzuweisen hat. Hier ist es oft nicht die persönliche Harmonie zwischen zwei Lebewesen, sondern der Gleichklang der Ähnlichkeit, der die Spende ermöglicht.

Dabei ergeben sich oft unterschiedliche Ergebnisse, die die Mediziner sich nicht richtig erklären können. Manche Zellen werden angenommen, und eine Neuproduktion von gesunden Knochenmarkzellen als Urversion für alle Zellen im Körper kann dauerhaft gebildet werden. Oft aber reagiert der Körper nach ein bis zwei Jahren mit Krankheitssymptomen, die die Ursprungserkrankung wieder voll entwickeln lassen. Hier haben wir zwei Ursachen, die von der Medizin nicht erkannt werden.

Ursache 1 ist der Zellklang, der in der Urversion doch eine leichte Veränderung vorzuweisen hat und auf den sich der Spender letztendlich mit seinen restlichen Organen auf Dauer nicht heilend einlassen kann. Eine Gegenarbeit der Organe gegen den Klang der Knochenmarkzellen beginnt, und die alte Krankheit wird sich wieder einstellen.

Eine weitere Ursache ist der Seelenauftrag. Oft hat eine Krankheit auch einen Grund, der in dem Seelenauftrag zu finden ist. Wenn die Seele sich vor der Inkarnation als Weg ausgesucht hat, das Leid zu erfahren und sich dann zu verabschieden, sind alle Heilversuche bei euch auf der Erde aussichtslos. Dann heißt es Loslassen. Die Seele mit ihrem Seelenauftrag im Verbund mit dem Empfänger ist letztendlich der Grund von Annahme oder Ablehnung einer Zell- oder Organspende.

Im Zell- und Organspendebereich auf der Erde wird viel geforscht und experimentiert. Es sind nun schon Versuche gestartet, aus eigenen Zellen Organgewebe zu erstellen. Das ist ein Ansatz, der laut der geistigen und gemäß der universellen Wahrheit der Weg der Zukunft sein wird. Auch bei euren Stammzellen wird das schon getestet. Eine einzige funktionierende gesunde Stammzelle hat die besten Heilungschancen für den Menschen. Ihr seid hier gedanklich so langsam in die Richtung der Heilweisen der Neuen Zeit angekommen. Forscht hier weiter, und ihr werdet erkennen, wie wertvoll jede einzelne lebende Zelle ist und welche Heilungskraft in ihr steckt.

In diesen Fällen sind wir voll in Harmonie und Übereinstimmung mit der Spende. Allein der Seelenauftrag muss noch berücksichtigt beziehungsweise abgefragt werden.

Fürsorge und innerer Frieden

Der innere Frieden kann nur richtig bei euch wirken, wenn ihr gut für euch sorgt. Fürsorge ist der Schlüssel für wesentliche Merkmale wie wirkliches Erkennen und Sehen, Hinschauen und Wirken, damit alles in die innere Ruhe kommen kann. Fürsorge ist sehr wichtig für jeden von euch, doch wird Fürsorge oft nicht richtig erkannt oder falsch interpretiert.

Was bedeutet Fürsorge? Es die Sorge für dich. Allein für dich und dein Wohlergehen. Allein für dein Sein. Allein für deine Gesundheit. Allein für deine Existenz. Allein für deinen Auftrag. In allem hat die Fürsorge zu schwingen und zu wirken. Schau genau hin, was wirklich wichtig für dich ist. Erkenne die Bedürftigkeit, die Körper, Geist und Seele benötigen, um in einem heilen Dasein zu existieren und zu leben. Das ist wichtig, um dich auf allen Ebenen des Seins zu heilen. Fürsorge heißt aber auch, Verantwortung zu übernehmen und bewusst hinzuschauen, damit Erkenntnis und Veränderung eintreten können. Durch Fürsorge eine bewusstere Existenz auf allen Ebenen deines Seins zu erschaffen ist das Ziel.

Fürsorge für euren Körper

Euer Körper lässt seine Bedürftigkeit deutlich werden, indem er euch Signale zukommen lässt, was ihr benötigt und wonach er verlangt. Doch nicht alles Verlangen ist ein wirkliches Signal des Körpers zum Guten hin.

Eine Suchtproblematik, oft auch von eurem Verstand genährt, macht eurem Körper schwer zu schaffen. Ihr führt durch unterschiedliche Gründe euren Körper in eine extreme Situation, die für ihn Stress darstellt. Beispiel: Führt ihr eurem Körper zu viel Alkohol zu, der ihn dann schwächt, wird die Verstoffwechslung in der Leber dann vor allem für den Abbau von Alkohol benötigt, und die anderen Stoffwechselvorgänge werden hinten angestellt. Das schädigt euren Körper in dem Bereich der Entgiftung. Toxine haben dadurch nicht so schnell die Möglichkeit, abgebaut und ausgeschieden zu werden. Hier gebt ihr dem Alkohol Vorrang vor anderen, wirklich notwendigen Abbaufunktionen in eurem Körper, der letztendlich einen Schaden und auch einen Mangel in euch hervorrufen kann. Hier fehlt die Fürsorge für euren Körper auf ganzer Ebene.

Eine solche Situation erreicht ihr ebenfalls, wenn ihr Nikotin oder, schlimmer sogar, Drogen konsumiert. Hier wird eine Sucht aufgebaut, die euren Körper schwächt, euren Verstand kurzzeitig in einen Entspannungszustand bringt. Doch die langfristigen gesundheitlichen Folgen können schrecklich sein. Auch seid ihr nicht in der Fürsorge für euren Körper. Dieser Konsum bringt eine kurzfristige Benebelung eures Verstandes mit heftigen Langzeitfolgen.

Auch zu viel Nahrungszufuhr ist ein Prozess, der euch langfristig schadet. Was hier immer im Vordergrund steht, ist nicht mit einem Wort zu erfassen. Nahrungszufuhr kann als Trost, als Verdrängung, als Schutz in eurem Unterbewusstsein manifestiert sein, die von euch in extremen Situationen genutzt werden kann, aber keine dauerhafte Lösung darstellt. Schaut euch eure Probleme an und versucht, den Zugang dazu zu finden, um dann alles Erkannte zu verabschieden, damit ihr in den inneren Frieden und in die Fürsorge für euren Körper kommt.

Ist Gier im Spiel, alles haben und essen zu wollen, was man

erhalten kann, versucht, euren Mangel, der durch diese Gier gestillt werden soll, zu erkennen und zu verabschieden. Es ist alles genug vorhanden in euren Bereichen. Erkennt das. Sagt euch das auch selbst mit laut gesprochenen Worten, damit es in eurem Verstand ankommt. Alles Zuviel ist nicht gut und hat seine Ursache. Kommt in die Arbeit des Erkennens und in die Fürsorge für euren Körper.

Auch ein Zuwenig, ich bin es nicht wert oder ich bin zu dick, und deshalb muss ich mir Nahrung verweigern, ist ungesund für euren Körper. Auch in diesen Fällen fehlt die Fürsorge für euren Körper. Findet hier den Grund für euren Mangel an Selbstbewusstsein. Schaut euch eure Themen genau an und löst sie für euch. Seid in der Fürsorge für euren Körper.

Doch ein wenig Alkohol und ein dosiertes Einnehmen von Drogen aller Art kann kurzfristig gut für euren Körper sein. Dazu gehören auch Medikamente. Vorsicht aber vor Dauermedikationen, die eure Organe in anderen Bereichen in die Schwäche bringen. Alles in Maßen und so, wie es in diesem Augenblick notwendig ist, kann gut für euren Körper sein. Seht bewusst hin und achtet fürsorglich auf euch.

Nahrung ist zum Ernähren da und nicht, um die Fülle zu bedienen. Seid fürsorglich für euren Körper. Gebt ihm gesunde Nahrung in der Menge, die ihr zum Existieren benötigt.

Weiterhin gehört zu der Fürsorge eures Körpers die bewusste Reinigung von innen und außen. Reinigung von innen erfahrt ihr durch das Trinken von sauberem Wasser. Wasser reinigt und schwemmt die Schlacken aus eurem Körper, die sich dort ansammeln. Reinigung von außen ist Fürsorge für die Hülle eures Körpers. Hygiene ist eine gute Vorsorgemaßnahme, damit sich Krankheiten von außen nicht vermehren.

Ebenso gehört zu dieser Fürsorge, dass ihr mit der Außenhaut eures Körpers verantwortlich umgeht und diese Hülle so annehmt, wie sie ist. Gewaltsame Veränderungen in Form von Schönheitsoperationen, die keine medizinische Indikation voraussetzen, sind Verstümmelungen der äußeren Hülle eures Körpers, die gravierende Folgen in eurem energetischen Dasein aufzuweisen haben. Jede OP beeinflusst euer Energiefeld auf der Haut und über die Haut eure Aura-Schichten in einem Ausmaß, das ihr euch nicht vorstellen könnt. Doch es werden Narben produziert, die die Aura an dieser Stelle zusammenfallen lassen und nur sehr schwer wieder aufzubauen sind. Aura-Heilung ist dann ein Thema, mit dem ihr euch aus Fürsorge für euren Körper beschäftigen solltet.

Auch krankhaftes Ritzen oder Tätowierungen auf eurer Haut beeinflussen euren Körper im energetischen Bereich und bringen langfristig Schaden in eure Energieflüsse. Ein ganz neues Verfahren, die Kryolipolyse (Fettabsaugung), ist ebenfalls ein Verfahren, das nur aufgrund von mangelndem Ego ausgeführt wird, um so den Körper wieder in Form zu bringen. Schaut genau hin. Warum macht ihr solche Anstrengungen? Erkennt eure Themen und geht an die Harmonisierung der Auslöser. Verabschiedet die Ursachen und transformiert sie.

Als Alternative dazu macht Sport und geht in die Natur. Das ist viel gesünder und anhaltender für euren Körper. Ansonsten lernt, mit den Zeiterscheinungen eures Körpers zu leben. Sie gehören in den normalen Rhythmus eines jeden Körpers, den er als Symbol nach außen für seine Zeitrechnung benötigt. Das ist wirkliche Fürsorge für euren Körper.

Fürsorge für euren Geist

Fürsorge für den Geist bedeutet für euch das Erkennen des unsterblichen Anteils in eurem Körper, der ihn begeistet und euch so einen Lebenshauch des Einen ermöglicht hat, in dem euer Körper existieren kann und eure Seele ein Haus gefunden hat. Nach diesem Anerkennen ist es euch möglich, eine liebevolle Fürsorge für euren Geist aufzubauen.

Hier steht die Reinigung eurer Gedanken im Vordergrund. Lasst Frieden in euren Geist hineinkommen. Beschäftigt euch nicht permanent mit anderen Dingen, die dann über euren Verstand ein Geflecht an Emotionen aufbauen können. Gebt eine veränderte Bewertung in euren Verstand, lasst viele Dinge als nicht so wichtig erscheinen. Versucht, in einem emotionalen Gefühlschaos euch eher als beobachtenden Dritten anstatt als Betroffenen zu sehen. Kommt in die Neutralität und haltet eure Emotionen in einem Rahmen, der den Frieden sucht. So kann sich euer Geist entwickeln und sich mit anderen Situationen beschäftigen, die einen Gewinn darstellen.

Beispiel:

Wenn ihr emotional wieder auf dem Höhepunkt der Entrüstung seid, zieht euch heraus, geht in die freie Natur und lasst die Ruhe der Tier- und Pflanzenwelt auf euch wirken. So seid ihr in der Lage, eure Emotionen wieder zu reduzieren und vielleicht zu erkennen, dass der Auslöser eurer emotionalen Entrüstung doch nicht einer solchen Aufmerksamkeit bedarf, wie es eure Reaktion gezeigt hat. Findet in diesen Situationen Fürsorge für eure Gedanken und euren Geist und lernt, euch mit anderen Dingen zu beschäftigen oder zu umgeben, die für euren Geist und seine Entwicklung dienlich sind.

Fürsorge für eure Seele

Hier steht die Anerkennung eurer Seele, das Gesehen-Werden eurer Seele durch euch, an erster Stelle. Erst wenn ihr bewusst erkennt, dass ihr beseelt seid und die Seele der zweite unsterbliche Teil in euch ist, der alle Erfahrungen speichert und in sich trägt, könnt ihr die Verantwortung für eure Seele übernehmen und für sie Fürsorge walten lassen.

Der Seelenfrieden steht im Vordergrund. Innerer Frieden, Ausgeglichenheit und Liebe sind Nahrung für eure Seele, die sie wachsen und strahlen lassen. Hier ist die Hauptfürsorge oder die Nummer Eins für euch das Sehen in Liebe. Lebt in der Liebe und im inneren Frieden, und eure Seele erhält all die Fürsorge von euch, die sie braucht.

Fürsorge für euer Leben – Lebt in der Harmonie und meidet die Schatten

Ein weiteres Thema der Fürsorge für euch besteht in dem Leben, das ihr führt. Achtet auf euch. Meidet Umgebungen und Menschen, die nicht gut für euch sind. Sucht Gleichgesinnte, mit denen ihr euch wohlfühlt. Lasst die Harmonie bei euch wirken, damit ihr ausgeglichen leben könnt. Umgebt euch mit Dingen, die euch in die Ruhe bringen. Lebt so, dass es gut für euch ist. Macht nichts, was euch widerstrebt. Seid nur ihr selbst und lebt in der Harmonie und im Frieden. Dann seid ihr in eurer Seelenstrahlung und habt die schönste Fürsorge für euch geschaffen, derer ihr hier fähig seid, alles für euch, und nur für euch.

Fürsorge für Schutzbefohlene in Familie, bei Tieren und Freunden

Es gibt noch weitere Bereiche, für die ihr Fürsorge tragen dürft. Es ist die Fürsorge für eure Schutzbefohlenen, für eure Familie und Freunde.

Hier habt ihr einen Auftrag übernommen, der von euch erwartet wird, ausgeführt zu werden. Was verstehen wir unter Schutzbefohlenen? Das kann ein weiter und dehnbarer Begriff sein, je nachdem, wie weit ihr in dem Wirken für andere da seid.

Im engsten Raum um euch herum fallen unter Schutzbefohlene eure Kinder, die von euch gezeugt und in die Welt gebracht worden sind. Hier habt ihr eine Vereinbarung der Betreuung der absoluten Fürsorge übernommen, die neben der täglichen Pflege, Essen und Trinken auch das Erfahren der Umwelt, der Gesellschaft und die geistige Entwicklung beinhalten. Diese Aufgabe werdet ihr ein Leben lang nicht mehr abgeben können. Sie wird im Alter einfacher werden, doch die Fürsorge ist ein Band zwischen Mutter, Vater und Kind, das von der Zeugung an gesponnen wird und bis zum Verabschieden aus dieser Welt besteht.

Nehmt die Verantwortung und die Fürsorge für eure Kinder bitte sehr ernst. Es ist eine Prüfung für euch, ob ihr nach eurem Ableben eine höhere Aufgabe der Fürsorge übernehmen könnt oder nicht.

Seid euch dessen bewusst und geht mehr in die Liebe, auch wenn die Hürden und das Verhalten eurer Kinder den Wunsch in euch hochkommen lassen, sie abzugeben, sie zu meiden oder zu leugnen. Stellt euch den Themen. An diesen Themen werdet ihr wachsen und euch selbst entwickeln können. Erkennt, dass das Eltern-Dasein eine nicht zu studierende Kraft ist, das heißt, dass es keinen Lehrberuf darstellt, sondern nur durch die Kraft der Liebe und des gebildeten Bandes zwischen euch gelebt werden kann.

Und denkt daran, dass auch ihr für eure Kinder oft emotionale Hürden darstellt, die diese in Liebe zu euch erleben, durchleben und in Liebe zu akzeptieren haben.

Eine weitere Fürsorge für Schutzbefohlene findet ihr im Umgang mit Tieren, die in eurer Nähe mit euch leben dürfen und sollen. Diese Tiere haben für euch eine Aufgabe übernommen, die ihr oft nicht erkennt oder würdigt. Sie trösten und lieben ohne Einschränkung, sie sind für euch da, wenn ihr jemanden zum Zuhören oder für die Bewegung braucht. Sie lieben euch so, wie ihr seid, und spiegeln euch oft durch ihr Verhalten eure Muster, die ihr nach außen lebt.

Sie sterben sogar für euch, um euer eigenes Leben zu retten. Schaut hin, was diese Tiere für euch tun. Egal, ob Hamster, Hase, Katze, Hund oder andere tierische Kreaturen. Sie haben den Kontakt zu euch in bedingungsloser Liebe aufgebaut, und eure Verantwortung in Fürsorge für diese Lebewesen ist ebenfalls eine Fürsorge für Schutzbefohlene. Denn sie sind mittlerweile in Abhängigkeit von euren Lebensweisen, sodass sie sich nicht mehr selbst versorgen können. Achtet und ehrt diese Lebewesen. Auch sie sind beseelt und haben einen Geistaspekt des Einen in sich. Seid euch der Fürsorge bewusst und lebt für sie in Liebe und Verantwortung.

Weitere Fürsorge von Schutzbefohlenen in eurem Bereich betrifft alle Menschen in der näheren familiären Umgebung, mit denen euch ein Band verbindet und die durch Krankheit oder andere Ursachen nicht mehr in der Lage sind, sich selbst zu versorgen. Hier tritt eine Fürsorgepflicht ein, auch wenn ihr es nicht möchtet. Seid im Miteinander und Füreinander bereit, es gereicht euch nur zur Ehre. Tut es mit Liebe und Fürsorge, und ihr werdet euch dafür lieben.

Auch eure Freunde gehören zu den Schutzbefohlenen, wenn ihr Geist und ihre Gesundheit es nicht mehr erlauben, als vollwertiges Mitglied in eurer Gesellschaft selbstständig zu leben. Hier ist ebenfalls eure Fürsorge in Liebe gefragt.

Für eure Familie habt ihr ebenfalls eine Fürsorge als Familienmitglied. Der Familienverbund eurer Zeit hat nicht mehr die Bewertung und Intensität, wie sie in früheren Zeiten bei euch gelebt wurden. Es hat sich ein großer Wandel eingestellt, der die Wertigkeit der Familie auf einen lockeren Verbund an Blutsverwandtschaft reduziert, der nicht mehr für das Überleben notwendig ist. Ihr seid heute sehr unabhängig und frei in eurem Leben. Ihr schafft es, wie ihr denkt, allein. Der Wert der Familie als ein Rückhalt in der Not ist nicht mehr gewünscht oder nur noch sehr selten zu finden. Nur noch sehr kleine und wenige Verbindungen werden aufrechterhalten und selten gelebt.

Das hat auch zum Werteverfall eurer Partnerschaften geführt. Die Zweckehe ist nicht mehr nötig, da sich die meisten Frauen in eurer Gesellschaft allein ernähren, überleben können. Höchstens euer Staat wird noch als Oberfamilienmitglied in die Pflicht genommen. Doch er hat euch nicht gezeugt, aufgezogen oder durch eine Liebesheirat den Bund der Versorgung mit euch geschlossen. Überlegt euch einmal diesen provokanten Satz von mir.

Alle erwachsenen Mitglieder in eurer Gesellschaft sind in der Lage, wenn sie gesund sind, für sich selbst zu sorgen, und so ist der Wert einer Partnerschaft auf eine neue Basis gestellt worden. Allein die Liebe und das Verlangen, miteinander zu leben und in Fürsorge füreinander da zu sein, sind heute bei euch ein Grund, das Leben gemeinsam zu teilen. Das ist ein guter Ansatz und ein gutes Argument für die Partnerschaft, dem wir Respekt zollen.

Was früher für euch die Familie war, sucht ihr heute bei euren Freunden. Hier wägt ihr ab, wer gut zu euch passt und es gut mit euch meint. Eure Energien mögen gemeinsam schwingen, und so ist diese Fürsorge für euch auf der Liebe basierend. Für eure Freunde seid ihr bereit, in die Fürsorge zu gehen und an ihrem Leben in Verantwortung teilzunehmen. Auch das ist eine Fürsorge, die wir in der Geistigen Welt registrieren.

Doch oft wird diese Fürsorge nicht immer zu gleichen Teilen erwidert, und ihr seid enttäuscht. Das lässt euch dann an euch selbst zweifeln. Vertraut auf euren Instinkt. Hört und fühlt in euch hinein, bevor ihr eine Freundschaft zulasst. Vor Enttäuschung ist keine Verbindung gefeit, doch kann man schon durch die eigene Intuition spüren, ob der Zeitpunkt, der Freund und die Situation stimmig sind. Seid trotz Enttäuschungen bitte immer wieder offen für neue Freunde. Es kommt auch vor, dass eine Freundschaft zerbricht, weil ihr euch weiterentwickelt habt und der Freund auf dem gleichen Niveau stehengeblieben ist oder sich sogar zurückentwickelt hat. Geht in euch und befragt euch in dieser Situation.

Amadeii, wie haben wir zu handeln, wenn unsere Fürsorge ausgenutzt oder nur benutzt wird?

Hier tritt der Aspekt der Fürsorge für euch selbst ein. Umgebt euch nur mit Menschen, die euch guttun. Wenn ihr in eurem Wirken der Fürsorge erlebt, dass diese benutzt wird, ohne in den Austausch zu kommen, dann habt ihr das Recht, euch liebevoll zurückzuziehen. Ein Hinweis des Warums solltet ihr aber vorher geben, damit das Menschenkind die Möglichkeit bekommt, sich euch gegenüber zu verändern. Sollte es das nicht umsetzen, dann ist kein Austausch in Liebe vorhanden, und dann ist es für euch wichtig, euch aus dieser Verantwortung eines Schutzbefohlenen zurückzuziehen. Es muss aber sichergestellt sein, dass andere Menschenkinder dann diese Verantwortung übernehmen, denn einen Menschen in einer hilflosen Situation hängenzulassen, ist schwierig und sollte verantwortungsbewusst angegangen werden. Schon für euch selbst, damit eure Selbstvorwürfe euch nicht erdrücken. Kommt in eine Entscheidung, die Verantwortung und gleichzeitig Fürsorge für euch selbst ausdrückt, dann ist es energetisch in Ordnung.

Fürsorge für Umgebung und Umwelt

Ein wichtiger Aspekt der Fürsorge ist das respektvolle Verhalten gegenüber eurer Umgebung und eurer Umwelt. Ihr seid Gast auf dieser Erde, und als Gast habt ihr eine Erhaltungspflicht. Einen respektvollen Umgang mit allen Pflanzen, Tieren, Mineralien, mit der Luft, der Erde und allem Sein um euch herum. Seid euch dieser Materie bewusst und erkennt, dass alles aus Energie besteht und das Recht hat, zu existieren.

Das beginnt mit der respektvollen Pflege eurer Umgebung. Verschmutzt sie nicht durch Unrat oder Giftsubstanzen durch chemische Mittel gegen Ungeziefer oder Krankheiten. Sucht hier die Möglichkeit der Stärkung der Pflanzen, die ihr erhalten wollt, und keine Bekämpfung von Parasiten. Jede gesunde Pflanze kann ohne Chemie ihren eigenen Schutz aufbauen. Sucht Alternativen für Ungeziefer und Krankheiten, um diese abzuleiten und einzudämmen. Es gibt auf eurer Erde viele natürliche Möglichkeiten. Sucht und findet sie.

Werft keinen Unrat in die Natur, der dort viele Jahrzehnte lagern kann, ohne sich aufzulösen. Geht verantwortungsvoll mit eurem Abfall um. Das Erkennen ist der erste Schritt zur Veränderung. Bei eurer Umweltbelastung erkennt auch die Belastung, die allein durch eure vielen Autofahrten, die nicht immer notwendig sind, entstehen. Erkennt auch, dass eure Energiegewinnung immer noch tiefstes Mittelalter mit vielen Altlasten und Altresten darstellt. Sucht Alternativen, die in der Gewinnung und der Umwandlung frei von Giftstoffen sind, auch wenn sie keine großen Gewinne erzielen.

Lernt, eure Natur und eure Umwelt mit anderen Augen zu sehen. Geht aufgeschlossen, mit viel Liebe und der Bereitschaft zu erkennen durch euer Leben, und ihr werdet viele Themen erkennen, die ihr an Natur und Umwelt ändern könnt. Letztendlich ist es der äußere Raum, in dem ihr lebt und in dem ihr euch wohlfühlen möchtet. Schaut hin, auch für euch, und kommt in die Fürsorge.

Fürsorge für euer Land

Erkennt, dass ihr als Teil des Landes, in dem ihr wohnt, auch die Energien des Landes lebt und signalisiert. Erkennt, dass das Wertvollste, das ein Land zu bieten hat, der Frieden in diesem Land ist. Leben in Frieden steht an erster Stelle, bedingt durch ein liebevolles Mit- und Füreinander, ohne Aggression nach außen. Dient eurem Land mit der Bereitschaft, in Frieden dort leben zu wollen. Unterbindet Streit nach außen, der euer Land in kriegerische Auseinandersetzungen bringen kann.

Erkennt, dass das höchste Gut in eurem Land der Frieden und somit die Zufriedenheit ist. Achtet sorgsam auf die Menschen, die eure Interessen in der Politik und in der Wirtschaft vertreten. Erkennt das Gute und die Schatten in diesen Menschen, denn ihr habt die Fürsorge und Verantwortung für ihre Wahl. Ihr könnt euch dieser Fürsorge und Verantwortung nicht entziehen. Erkennt und wählt weise.

Fürsorge für eure Erde

Eure Erde ist für euch die Basis eurer Existenz. Sie ist euch Mutter und Haus in einem. Erkennt, dass eure Erde lebt, dass sie eine hohe Energieform ist, die euch ein Leben und ein Zuhause in eurem irdischen Kleid gewährt. Im Gegenzug erkennt eure Taten, die ihr gegen Mutter Erde und ihre Energien richtet. Erkennt, wie viele Energien ihr Mutter Erde raubt, wie ihr sie ausbeutet, nur um für euch einen Vorteil zu erringen. Und erkennt auch, wie viel Gift ihr Mutter Erde zufließen lasst, das sie verunreinigt.

Ihr habt Fürsorge zu treffen für eure Mutter Erde, ihr habt ihr Respekt zu zollen und sie liebevoll und fürsorglich zu behandeln. Raubt ihr nicht alle ihr Ressourcen. Sucht euch Alternativen. Sie sind zur Genüge vorhanden. Erkennt, dass auch alle eure Gedanken und Taten energetisch zu Mutter Erde fließen und sie infiltrieren. Nicht alles kann von ihr leicht wieder in die

Harmonie und ins Licht gebracht werden. Kontrolliert eure Gedanken und Taten. Sie sind machtvoll und können verletzen und beschmutzen. Findet Kontrolle über eure Gedanken und Taten und versucht, in Fürsorge zu sein, damit lichtvolle Energien von euch nach außen und auch zu Mutter Erde fließen dürfen.

Erkennt eure Fürsorgepflicht Mutter Erde gegenüber. Erkennt und seid in Liebe zu ihr.

Fürsorge für das Universum

Die Fürsorge für euer Universum ist ein Schritt, der euch noch sehr entfernt erscheint, da ihr euch und eure Erde als so einmalig und einzigartig erachtet. Doch vertraut auf meine Aussage, dass ihr nur ein kleiner Teil eures Universums seid, der wie ein Tropfen im Ozean anmutet.

Bei eurem Aufstieg in die nächste Dimension wird sich das Universum für euch offenbaren, und dann ist es wichtig, dass ihr die ganzen Punkte, die die Fürsorge betreffen, vorher schon vorbildlich gelebt habt. Dass sie Teil eures Denkens und Handelns geworden sind, damit ihr im weiten Universum ohne Gefahr für dieses und seine Energieformen als Sternenkinder leben könnt.

Fürsorge für alles, was existiert, ist die höchste Bedingung, die ich euch offenbare. Lasst es nun wirken und geht in die Fürsorge.

Durchsagen mit ausgesuchten Meditationen und Übungen aus dem Amadeii-Seminar „Bewusstseinsentwicklung in der Neuen Zeit"

Die Wahrheit über eure Existenz und die Neuausrichtung der DNA

Ich grüße euch, ihr Menschenkinder, die ihr den Weg hierhergefunden habt. Frieden zu euch und der Bereitschaft, euch zu verändern – hin in die Neue Zeit, für die ihr hier auf diese Erde gekommen seid, um den Schritt der Wandlung zu vollziehen. Den Schritt der Wandlung, von der Schattenseite hin zu dem Einen ins Licht. Das war ein Auftrag, den ihr mit auf die Erde gebracht habt. Dass ihr heute hier anwesend seid, ist ein Zeichen dafür, dass euch bewusst wird, welcher Weg euch in eure Neue Zeit führen wird.

Ich grüße euch und bin voll im Licht, in der Einheit zu euch, und strahle mit euren Seelen gemeinsam. Denn euer Seelenlicht ist Ausdruck eures Seins. Euer Seelenlicht macht euch und alles, was zu euch gehört, aus. Ihr seid. Ihr seid im Wirken für den Einen und im Auftrag für euch, und so möchte ich euch erklären, wie ihr euren Veränderungsprozess auf dem Weg in die Neue Zeit bewusst aktivieren könnt.

Ihr Schöpfungen des Einen, ihr strahlendes Licht. Ihr seid geschaffen aus einem Lichtaspekt, der als Seele in euren Körper inkarniert ist. Und wie vor Millionen von Jahren eure Seelengeschwister hier auf die Erde gekommen sind, so seid auch ihr zu diesem Auftrag hier hineingeboren worden. Jetzt seid ihr aufgerufen zu erkennen, wer ihr seid. Eure Seele ist euch wohlbekannt, doch das Objekt, das wir nun besprechen, ist euch nicht so bewusst, obwohl ihr täglich mit ihm in Verbindung steht. Ohne dieses Objekt wärt ihr nicht in der Lage, hier zu leben.

Ich spreche von eurem Körper, der beseelt wurde von dem Lichtaspekt. Euer Körper, der begeistet wurde von dem Lichtaspekt des Einen. Und euer Körper, der geschaffen wurde durch die Vereinigung von Vater und Mutter. Dieser Körper ist eine wertvolle Symbiose eurer Anlagen, die sich immer mehr ausbreiten und für euch arbeiten. Und die kleinste Einheit eures Körpers sind die Informationen in euren Zellen. Diese kleinsten Einheiten, ohne die nichts funktionieren könnte, sind die Einheiten eurer genetischen Veranlagung, sprich eure DNA oder auch DNS genannt. In diesen Anteilen ist alles vorhanden, was euch ausmacht. In diesen Anteilen ist alles vorhanden, was euch aus vorherigen Leben mit auf die Erde gegeben wurde. Und mit diesen Anteilen ist die Entwicklung der Menschlichkeit in jedem Einzelnen als Gleichheit vorhanden.

Eure DNA hat eine Entwicklung hinter sich, die jetzt wieder einer Veränderung bedarf, um ganz in die Bewusstheit und das Funktionieren der Neuen Zeit zu kommen.

Vor langer Zeit, als viele göttliche Energien auf der Erde weilten, war es gegeben, dass Menschenkinder, die noch nicht weit in ihrer Entwicklung waren, auf der Erde lebten. Voll in ihrer Schönheit, doch sehr eng und rückständig in ihrem Wirken. Diese Menschenkinder waren dazu auserkoren, für Mutter Erde zu arbeiten und ihr zu dienen, allein für die Produktion und Fürsorge der Natur und der ersten Nahrungsschritte. Diese Menschenkinder hatten in ihrem körperlichen Sein eine DNA der einfachsten Art und Weise – in einer Einstrang-Kombination. Diese Einstrang-DNA war dazu da, Zellen zu aktivieren, anzuregen, sich zu teilen, um eine Weiterentwicklung zu ermöglichen.

Doch hört meine Worte: Diese einfachen Primaten, die Menschen genannt wurden, waren voll in ihrer Schönheit. Diese Schönheit wurde von den göttlichen Wesen, die immer wieder eure Erde besuchten, erkannt. Und eine Vereinigung dieser göttlichen Wesen mit den Primaten hatte Folgen für die zukünftige Entwicklung der Erde, die in diesem Maße so nicht geplant war: Es entstanden Menschenkinder daraus, die ein Gemisch beider Arten, doch in ihrer Grundfunktion verschieden waren. Einerseits die Einstrang-DNA, die in der Funktion des Körpers ausreichte für die Anforderungen auf eurer damaligen Erde, und zum anderen die hochfunktionierende DNA der göttlichen Wesen.

Diese Vereinigung schuf eine Körperform, die die menschlichen Primatenfrauen nicht normal gebären konnten. So kamen viele bei der Geburt aus ihrem körperlichen Sein. Und die Götter waren aufgerufen, hier ein Ende zu setzen, da keiner ohne Schuld in Bedrängnis, Not oder die Verabschiedung gebracht werden durfte. Es war geplant, dass aus solchen Kombinationen, die in Liebe entstanden waren und aus denen keine Verurteilungen entstehen durften, eine neue DNA-Kombination benötigt wurde, um ein Leben ohne Gefahr für die werdende Mutter zu ermöglichen. So wurde die DNA der göttlichen Wesen in dem menschlichen Körper umgewandelt – aus dem Geist heraus hin zu einem weiteren DNA-Strang, der sich nicht mehr im Hinterkopf befinden musste, sondern sich an die DNA der Primatenfrauen koppelte.

Das ist der Ursprung eurer heutigen DNA-Helix – eine Doppelhelix mit beiden Anteilen des ursprünglichen Primaten und der göttlichen Wesen. Diese DNA war eine ausgereifte, sehr wertvolle und in ihrem Wirken effektive Form, mit der die

Menschheit sich auf der Erde neu entwickeln und eine andere Richtung einschlagen konnte. Nun waren auch das alte Wissen und der Drang zu forschen mit in den Körpern verankert. Eure Zellen hatten plötzlich andere Fähigkeiten, um zu reagieren. Ich spreche von den Zellen aller eurer im Körper funktionierenden Bereiche. Von eurem geistigen zentralen Nervensystem über eure Organfunktionen, bis hin zu euren Haut- und sonstigen sensorischen Nervenbereichen.

Diese Funktionen haben sich seitdem verändert. Doch nun war es nicht mehr notwendig, dass die alten Informationen im Kopfbereich noch eine Beheimatung hatten. So wurde der Kopfbereich immer mehr zurückgebildet, bis er die heutige Kopfform von euch Menschenkindern hatte, und eure wundersame Doppelhelix konnte in ihren Zellen wirken. Der Nachteil dieser Entwicklung war, dass eure Zellen nicht mehr im Licht reagieren konnten. Eure Zellen waren von diesem Augenblick an in ihrem Bewusstsein weit weg in der Anbindung an den Einen.

Sie hatten keinen direkten Kontakt mehr zu dem Einen, was sich in der Vergangenheit mit anderen Emotionen und Schritten auswirkte. Die Zeit der Barriere war vorbei. Die Unschuld hatte ihren Abschluss gefunden, und der Schuld wurde Einlass in euer Paradies und die Erde gewährt. Eine liebevolle, gute Absicht hatte also auch ihre Schattenseiten, und so seid euch bewusst: Für euren Aufstieg in die Neue Zeit ist es notwendig, dass sich diese Doppelhelix wieder zurückbildet und sich euer ursprünglicher Zustand des alten Wissens und Wirkens wieder einstellt.

Das ist bewusste Entwicklung: Die Rückbildung eurer DNA aus euren Zellen heraus, hin in euer bewusstes Sein im Gehirnbereich. Dort, wo ursprünglich alle körperlich geformten Geistwesen ihre Informationen gespeichert hatten. Und es wird ein großer Schritt, diese Rückentwicklung einzuleiten. Bei einigen Menschenkindern, die sich schon in diesem Rückbildungsprozess befinden, ist die Zeit der Doppelfunktion bereits jetzt gegeben.

Doch seid beruhigt, die DNA in euren Zellen bleibt so lange in ihrem Wirken, bis sich in eurem geistigen Bereich alles angesiedelt und umgebildet hat, dass die Funktion von dort aus über euer Sein auf der Erde ausgeübt werden kann. Wenn die Helix sich in euren Geist zurückgezogen hat, in den Bereich des Hinterkopfes eures körperlichen Seins, dann kann sich die Doppelhelix aus euren Zellen umwandeln, und die Zellen werden von da an von eurem Gehirn, das sich neu ausgebildet hat, gesteuert.

Eine zentrale Einheit für alles. Und über diese zentrale Einheit wird später geheilt werden können. Über diese zentrale Einheit wird später gelehrt und gelernt werden können. Über diese zentrale Einheit wird später über Sein, Wirken und Veränderung bestimmt. Das ist ein sehr wichtiger Prozess, den ich mit euch in einer Meditation einleiten möchte:

Meditation: Aktivierung der zentralen Einheit durch das Samenkorn der Neuen Zeit

Geht in Liebe zu euren mentalen Aufgaben, geht in Liebe und in Kontakt zu euren Zellen. Damit ihr euch ein Bild machen könnt, bitte ich euch, eure Hände auf einen Hautbereich eures Körpers zu legen, je nach Verlangen. Legt eure Hände auf diesen Bereich und seid euch bewusst, dass dieser voll mit Zellen behaftet ist, die mit der Doppelhelix leben und gesteuert werden. Grüßt diese Zellen in Gedanken.

Die Zellen öffnen sich für euch, damit ihr bewusst diese Doppelhelix sehen könnt. Vor eurem geistigen Auge bildet sich eine Zweistrang-DNA aus. Erkennt die Schönheit, das wunderbare Schlingen dieser beiden Stränge, die miteinander verbunden sind und miteinander wirken. Seht die Schönheit, die in Liebe geschaffen wurde.

Diese Doppelhelix nehmt ihr jetzt von einer Zelle bewusst in eure Hände auf. Sie wächst in euren Händen, und ihr könnt sehen, dass diese Helix beflügelt ist wie ein göttliches Wesen. Sie strahlt mit zwei Körpereinheiten und mit einer Energie, wie mit Flügelschlag bedacht. Sie lebt, sie wirkt, sie ist von dem Einen geschaffen. Erkennt auch, dass diese Doppelhelix, wenn ihr sie euch intensiver betrachtet, eine Figur darstellt, ähnlich eurem Körper. Eine Kopie von euch ist in dieser Doppelhelix vorhanden.

Seht das Strahlen und erkennt auch, dass unterschiedliche Farben in der Doppelhelix vorhanden sind. Schaut euch die Farben an. Mit jedem Entwicklungsschritt werden sich die Farben eurer Zellen in eurer Doppelhelix verändern. Schaut euch diese Farben an. Es sind die Farben der Transformation, die Farben des Lichts. Seht die Lichtschwaden, die wie Nebel rauf und run-

terfließen. Erkennt die Doppelhelix in ihrem wahren göttlichen Sein. Es ist ein Wunder der Schönheit und ein Geschenk der damaligen Zeit, so etwas schaffen zu dürfen.

Nun nehmt die Doppelhelix wieder in eure Hände und lasst sie bewusst in euren Hinterkopf eindringen. Die erste Doppelhelix, die ihren Weg wieder in ihren alten Ursprung gefunden hat. Gebt sie in euren Hinterkopf. Spürt, was ihr nun sehen und fühlen könnt. Und seht, wie ihr euch im Bereich eures Hinterkopfes verändert. Ein embryoähnliches Lichtwesen hat nun die Aufgabe in eurem Hinterkopf aufgenommen – das Samenkorn der neuen Entwicklung ist gesetzt.

Ihr seid nun die beginnende Rückentwicklung hin in die göttlichen Aspekte des Seins. Ihr seid Licht, ihr seid Einheit, ihr seid Frieden, ihr seid Licht und Leben. Die Schatten haben in dieser Neuentwicklung nichts mehr zu suchen. Ihr seid. Und ihr seid immer bewusster in der Anbindung zu dem Einen.

Wenn ihr nun einen Druck in eurem Hinterhaupt spürt, dann freut euch. Es ist die erste Neuerschaffung des Menschen für die Neue Zeit. Der Mensch hat nun den ersten Schritt getan, sich in ein göttliches Wesen umzuwandeln. Umwandeln in Liebe und Licht. So ist der Plan. Seid in Frieden zu euch. Geht in euren Frieden und in die Entwicklung, weil sie euch gewährt wird. Ihr seid Auserwählte für diese neuen Experimente der göttlichen Aspekte. Wirkt darin, seid in Frieden.

Amadeii

Übung: Erweiterung und Begeistung eurer neu gestalteten zentralen Einheit

Frieden zu euren Zellen, ihr Menschenkinder. Der erste Schritt ist gegangen, der erste Schritt ist getan. Nun gebe ich euch eine Übung an die Hand, die in eurem Kopfbereich eine Erweiterung möglich macht, damit sich eure zukünftigen Helix-Formationen dort einfinden können.

Atmet tief in euren Körper ein und aus. Tief ein und aus. Seid euch bewusst, ihr seid jetzt bereit für einen Entwicklungsschritt, der euch an die Neue Zeit anbinden wird. Nehmt eure Hände und legt sie auf euren Hinterkopf oberhalb eures Kleinhirns. Dort wird sich der Bereich einfinden, in dem sich eure zukünftige Helix, die über eure Zellen wirkt, entwickeln darf.

Lasst über eure Hände meine kraftvollen Amadeii-Entwicklungsenergien in euren Hinterkopf fließen. Spürt, wie die Energien sich in diesem Bereich bemerkbar machen. Spürt auch, wie eure Hände weiter nach außen gedrückt werden, da das Energiefeld eures Hinterkopfs schon bereit ist, sich zu entwickeln. Weiter und weiter fließen meine Energien über eure Hände in euren Hinterkopf. Ein Druck, eine Veränderung findet dort statt. Euer Hinterkopf wird größer, kraftvoller. Er entwickelt sich weiter und weiter.

Schmerzen in eurer Schulter, die von eurem Kleinhirn ausgehen, werden wir verändern, indem wir den Hinterkopf, der auf euer Kleinhirn drückt, sich nach oben bewegen lassen. Und schon ist der Druck weg. Euer Hinterkopf richtet sich nach oben. Er formt sich größer und größer. Energetisch wird er stärker und stärker. Spürt, wie sich diese energetische Weiterentwicklung dort manifestiert. Lasst über eure Hände weiter diese Energien von mir fließen, die für die Entwicklung notwendig sind, und erkennt, wie euer Hinterkopf sich nach hinten und oben ausbildet. Wie er größer und kraftvoller wird. Erst im energetischen Bereich, bis sich nach einiger Zeit auch euer Knochenwachstum verändern wird. Lasst alles fließen und erkennt, wie sich die Doppelhelix, die wir schon dort eingepflanzt haben, vergrößert und entwickelt und später als Mutter aller Doppelhelix-Formationen zur Verfügung steht.

Der Ursprung ist geschaffen. Die Form hat sich verändert. Habt keine Angst, dass der Druck für euch nicht ertragbar ist.

Ein Licht kommt von oben in euer Mandala, fließt in euren Hinterhauptbereich, auch Großhirnbereich, und erleuchtet diesen so, wie es für euch notwendig ist. Lasst diese Strahlen bei euch wirken. Geht in die Veränderung und erkennt immer wieder den Ursprung der ersten Doppelhelix, die wir dort manifestiert haben. Gereinigt, verändert und einen Neuanfang startend, indem von dieser dort eingepflanzten Doppelhelix ein Strahl nach oben geht, hoch zu dem Einen. Ein Strahl, der ähnlich eurer Silberschnur wieder den Kontakt zu eurem Ursprung herstellt.

Das ist der Beginn der Bewusstwerdung durch die Anbindung an den Ursprung. Über diese Bewusstwerdung könnt ihr in Zukunft schon Informationen für euch abrufen. Nur für euch, noch nicht für andere. Reines Licht und Frieden für diesen Bereich. Seid als erste Stufe angebunden. Es ist vollbracht, es ist getan. Lasst meine Energien noch in diesen Bereich fließen, damit er sich noch weiter ausbilden kann. Weiter und weiter. Nur für euch. Ein Segen für die zukünftige Entwicklung der Menschheit. Ein Schritt ist eingeleitet.

Spürt, wie sich der Druck jetzt zu eurer Stirn verlagert. Das wird über eure ganze Kopfformation geleitet, weil diese sich komplett verändern muss. Sie muss sich erweitern. Und so reagieren alle Knochenbereiche eures Schädels. Es ist eine natürliche Reaktion. Bitte seid ohne Sorgen. Bei vielen von euch ist die erste Hürde für diese Entwicklung schon vor längerer Zeit gesetzt worden. Viele hatten Schwindel ohne Grund und ohne Krankheitssymptome. Dieser Schwindel leitete schon die veränderte Manifestierung eures Kopfsystems ein. Und so werden auch jetzt immer wieder Schwindelsymptome zu euch kommen. Wann immer ihr sie spürt, sagt: „Danke. Meine Doppelhelix wird sich in meinem Bereich des Hinterkopfes immer mehr ausbilden dürfen. Dieser Schwindel zeigt mir, dass mein Körper und meine Kopfform reagieren. Danke dafür."

Ladet euren Geist ein, in euren neugeschaffenen energetischen Raum im Bereich eures Hinterkopfes seinen Atem einzuhauchen, damit dieser den Bereich voll ausfüllt. Ladet ihn ein und bittet ihn, diesen Raum in Zukunft mit zu betreuen. Ein Raum in eurem Kopfbereich, der sich bis hinunter an die Halswirbelsäule weiterformiert. Es gehört dazu. Lasst es zu. Alles ist so, wie es sein soll. Erkennt, wie sich der dicke Nebel in eurem Kopfbereich langsam auflöst, sich eine helle Nebelformation zeigt und sich dort Gehirnwindungen ausbilden, wo sich die zukünftigen Zellen in Doppelhelix-Formationen ansiedeln dürfen. Wie in einem Wabenstrang von Bienen. Jede hat ihren Platz. Jede hat ihren Raum.

Der Kopfdruck im Stirnbereich wird stärker, weil euer Drittes Auge sich nun weiterentwickeln darf. Euer Drittes Auge wird sensibler durch die Anbindung an euren Ursprung. Spürt, wie euer Drittes Auge arbeitet. Es ist in Verbindung mit eurem Hin-

terhaupt. *Euer Drittes Auge wird neu energetisiert und erweitert. Eine Farbe kommt über euer Drittes Auge zu euch. Sie zeigt euch die Veränderungen und Transformation, die nun dort stattfinden.*

Wenn der Druck etwas nachlässt, sagt Danke zu dem Einen, der euch für diese Entwicklung auserwählt hat. Ihr, die ihr Priester seid für die anderen Menschen. Ihr, die ihr in der Entwicklung Vorreiter sein dürft. Bedankt euch dafür.

Meine Energien ziehen sich aus euren Handenergien heraus. Euer Kopf wirkt nun in seinem eigenen Energiefeld, und der Druck wird leichter für euch. Lasst los, seid in der Entwicklung, seid im Licht.

Amadeii

Übung: Anbindung eurer Zellen durch das energetische Dreieck

In eurem Stirnbereich entsteht wieder ein Druck. Und ich fordere euch auf: Lasst bewusst Energien in euer Drittes Auge fließen. Baut euer Drittes Auge mit euren eigenen Energien auf. Es geht nur um euch. Ihr könnt auch eure Hände zu Hilfe nehmen und durch sie die Energien in euer Drittes Auge fließen lassen. Lasst euer Drittes Auge sich erweitern und vergrößern. Es wird heller, größer, wie eine Röhre, die strahlt. Und auch der Stirndruck ist normal. Habt keine Sorge.

Nun zieht ihr diese Energie in euer Hinterhaupt, dort, wo wir energetisch schon den Raum eures Kopfes vergrößert haben. Lasst die Energien dort hineinfließen und sich vergrößern und verstärken. Kraftvoll, stark. Der Druck in eurem Hinterkopf wird größer und stärker.

Zieht jetzt die Energien in euren ganzen Körper hinein, zu allen euren Zellen im Körper, damit diese erkennen, welch wundervolle Veränderung ihnen bevorsteht, und dass alles im göttlichen Willen und im göttlichen Fluss ist. Spürt einen Freudenschauer in eurem Körper, weil eure Zellen sich freuen, wieder an den Einen angebunden zu sein. Wieder an den Ursprung angebunden zu sein. Die Erfüllung einer jeden Zelle.

Jetzt zieht ihr die Energien von den Zellen wieder hoch in euer Drittes Auge. Ladet euren Geist ein mit der Bitte, euer Drittes Auge mit seinen Energien aufzufüllen. Euer Drittes Auge wird wieder mit einem Druck belegt, da es sich vergrößert. Erkennt auch, dass sich dort die Farben verändern, vielseitiger werden.

Bittet den Geist, diese Energien in euren Hinterkopf fließen zu lassen, der sich energetisch neu für euch gebildet hat. Lasst die Energien dort hineinfließen und den Bereich eures Hinter-kopfes größer und größer werden, sodass die Anbindung an den Einen immer stärker und kraftvoller wird.

Jetzt bittet den Geist, mit seinen Energien komplett in euren Körper zu fließen, alle eure Zellen zu begrüßen und ihnen den Weg für die Zukunft zu weisen. Schritt für Schritt. Spürt die Freu-de eurer Zellen, die diesen Entwicklungsschritt voller Erwartung auf die Neue Zeit annehmen wollen. Lasst diese Energien wieder hoch zu eurem Dritten Auge fließen und erkennt, dass ihr mit der Hilfe eures Geistes, mit euren eigenen Energien und meiner Hilfe ein energetisches Dreieck aufgebaut habt. Mit Hilfe eurer Energien, den Energien eures Geistes und der Geistigen Welt.

Noch einmal fließen meine Amadeii-Energien zu euch ins Dritte Auge, und wir ziehen in der Dreiheit eurer Energien, eu-res Geistes und meiner Amadeii-Energien gemeinsam dieses energetische Dreieck entlang. Von eurem Stirnchakra zu eurem Hinterkopf. Von eurem Hinterkopf in euren Körper, zu all euren Zellen. Und wieder zurück zu eurem Dritten Auge, um diesen Kreis zu schließen. Ich bitte euch, lasst dieses energetische Drei-eck weiter in diesen drei Energien fließen. Belebt alles, was in eurem Körper durch diese Energien belebt werden kann. Lasst es fließen. Durch jeden Fluss entwickelt sich euer Prozess in die Neue Zeit. Bei jedem Fluss kommt eine Veränderung zu euch. Bei jedem Fluss werdet ihr vorbereitet auf die neue Entwicklung und die Neue Zeit.

Begebt euch nun zu eurem Mandala und öffnet es bewusst mit euren Händen. Öffnet es weit, damit die Energien eurer Körperzellen und eures Gehirns Platz bekommen, damit eure Epiphyse wieder erwacht und sich in die Entwicklung begeben kann. Damit sich eure Hypophyse und euer Hypothalamus kräf-

tig entwickeln können. Alle diese Bereiche, die sich zurückgebildet haben, werden größer und größer. Sie werden wieder belebt. Spürt, wie sich alles bei euch verändert. Spürt, wie ihr in den Veränderungsprozess kommt. Alles weitet sich, alles dehnt sich. Der Körper wird dann grobstofflich folgen, wenn er dazu bereit ist. Doch die energetischen Plätze sind angelegt. Die Erweiterung hat stattgefunden.

Seht den hellen Weg, der euch nach oben anbindet. Ein Licht kommt zu euch und ändert für euch nochmals eure neuen räumlichen Gegebenheiten, wie sie für euch notwendig waren. Ihr seid. Ihr seid entwickelt. Ihr seid Licht in der Anbindung an den Einen.

Nun schließt mit euren Händen euer Mandala wieder auf eine Größe, die gut für euch ist. Alles in eurem Kopfbereich ist wieder eingebunden in euer energetisches Netz der jetzigen Zeit.

Friede zu euch und lasst sich entwickeln, was jetzt als Samen gesetzt ist.

Amadeii

Meditation zu eurer früheren Wirkungsstätte als Priesterin der Heilung

Ihr Menschenkinder des Lichts, der erste Schritt in die neue Entwicklung ist getan. Ihr habt eine energetische Weiterentwicklung vollzogen, die euch weit über die Grenzen hinaus eine Anbindung ermöglicht und euch so viele Schritte weitergebracht hat. Nun lade ich euch ein, in einem Muster des Chalcedons einen Schutzraum aufzubauen, der euch im Schutz ermöglicht, Zeiten zu erleben, die der Vergangenheit angehören und in denen ihr gewirkt habt. Es wird euch gewährt, in diese Situationen bewusst wieder einzutreten.

Kommt ganz in euren Frieden, in eure Ruhe. Nehmt einen Atemzug in euer neues energetisches Zentrum in dem Bereich eures Hinterkopfs und öffnet euch dieser Anbindung, damit ihr in ein Wirken alter Zeiten geführt werden könnt, in dem ihr, ihr bewusst strahlenden Seelen, schon gewirkt habt. Mannigfaltig war eure Erfahrung in der Vergangenheit. Mannigfaltig und heilsam habt ihr gewirkt für andere. Ihr wart Priesterinnen der Alten Zeit, und ihr werdet Priesterinnen der Neuen Zeit, mit dem Wissen, das ihr auf der Erde erfahren durftet. Und mit diesem Wissen werdet ihr dem ganzen Universum und darüber hinaus in der neuen Welt, die sich in eurem Universum gebildet hat und energetisch bald sichtbar wird, wirken können für die neue Generation der Menschen, die durch euch lernen und erfahren werden.

Ihr seid Vorreiter der Neuen Zeit. Ihr seid die Krieger des Lichts. Ihr strahlt, ihr seid hell. Seid euch eures Wirkens bewusst und vertraut auf eurem Weg in eine Welt, die ich euch nochmals deutlich machen möchte. Eine Welt, in der ihr gewirkt habt und die wieder zu euch kommen wird. Das Wissen, das wieder Zugang zu euch finden wird, damit ihr so heilen könnt, wie es in euren Fähigkeiten verankert ist. Vertraut in euch. Vertraut in das, was ihr in euch tragt und was sich jetzt wieder entfalten und in euer Bewusstsein kommen darf.

Dies ist so erlaubt von dem Einen, da die Zeit des Mangels, der Nichtbeleuchtung für euch hier endet. Ihr werdet wieder angeschlossen an das Wissen der vergangenen alten Zeiten, an euer Wirken in den alten Zeiten, und euer zukünftiges Dasein wird sich für euch ebenfalls präsentieren.

Und so bitte ich euch, atmet tief in euren Körper ein und aus. Atmet tief ein und aus und kommt ganz in eure Ruhe und Stille. Lasst es geschehen. Eine Wolke kommt in diesen Raum und umschließt jeden Einzelnen von euch in Ruhe und Sicherheit. Und in dieser geborgenen Wolke wird euch der Weg in die alte Zeit ermöglicht. Durch diese Wolke hindurch schwebt ihr durch einen Bereich des Nebels ins Licht.

Ihr kommt an eine Grenze, die euch erlaubt ist zu durchschreiten. Ihr fliegt mit eurer Wolke durch dieses Tor zu einem Bereich voller Schönheit, Farben, Wiesen, Blumen, Klängen, Harmonie. Die Welt der Vergangenheit, der Leichtigkeit, des Friedens.

Verlasst die Wolke und geht über die Wiese mit den vielen Blumen zu einem Bereich, der in der Ferne durch sein Strahlen in eure Aufmerksamkeit dringt. Es ist das Leuchten eines Gebäudes, zu dem ihr euch hingezogen fühlt. Ihr geht voller Erwartung zu diesem Gebäude, das in sich begrenzt, jedoch nach allen Seiten geöffnet ist. Große, gewölbeartige Türöffnungen ragen auf, und es ist euch erlaubt, in dieses Gebäude einzutreten. Geht hinein und fühlt euch angekommen.

Hier habt ihr früher gewirkt. Ihr seid wieder in eurem alten Wirkungskreis angekommen. Ihr seid zu Hause. In der Mitte des Gebäudes manifestiert sich eine kristalline Pyramide. Geht zu dieser Pyramide und tretet ein. Ihr habt die Erlaubnis. In der Pyramide öffnet sich eine weite kristalline Fläche mit vielen Wegen und Ebenen. Ihr fühlt euch leicht, und alles hier ist euch vertraut. So habt ihr nun die Erlaubnis, euch für einen Weg zu entscheiden, der euch zu einem Wirkungsbereich bringt, in dem euch euer altes Wissen und eure alten Heilweisen wieder deutlich gemacht werden. Geht den Weg, der euch ruft. Geht hin und findet eure Tätigkeit in der Vergangenheit.

Ihr seid nun in einem Bereich angekommen, in dem vor euch in einem schwebenden Bett ein Lebewesen liegt. Ihr nähert euch diesem Lebewesen und erkennt, dass ihr nicht mehr geht, sondern schwebt. Scannt mit euren Fähigkeiten die Bedürftigkeit dieses Wesens. Geht mit euren Energien durch den Körper hindurch. Nehmt Kontakt mit der Seele auf und befragt auch sie, welchen Auftrag sie derzeit hat und was sie daran hindert, ihren Auftrag auszuführen. Nehmt Kontakt mit dem Geist dieses Wesens auf und befragt auch ihn, wieso ihr zu diesem Wesen geführt wurdet und was ihr für es tun könnt.

Seht, wie ihr immer kristalliner werdet, wie eure Energien von eurem Hinterhaupt aus aktiviert werden und über eure Hände in den Körper dieses Wesens fließen. Es ist wie ein Scannen durch das Wesen. Ihr erfasst, was für dieses Wesen notwendig ist. Ihr habt das Wissen für die Heilung. Vor euch liegt ein Wesen, das körperlich in der Gesundung ist und geistig in seinem Frieden lebt. Die Seele bedarf aber einer Erhöhung, um eine weitere Aufgabe übernehmen zu können.

Und so ist es euch erlaubt, das energetische Muster der Er-
höhung wieder bewusst in euren Geist zu bringen, um für dieses
Wesen diese Erhöhung stattfinden zu lassen. Auf der rechten
Seite findet ihr jede Menge Steine, Heilsteine, die ihr für euer
Handwerk benutzen dürft. Und es ist euch erlaubt, den Stein he-
rauszusuchen, den ihr in diesem Moment für das Wesen einset-
zen möchtet, um die Erhöhung der Seele mit ihrem Seelenauf-
trag vornehmen zu können.

Geht zu den Steinen und erkennt bewusst, welchen Stein ihr
nun aussucht. Es ist euch erlaubt, dass dieses Wissen sich in eu-
rem Bewusstsein manifestiert. Schaut euch den Stein an. Lasst
ihn in eurer Hand wirken und bittet ihn um Erlaubnis, euch bei
der Erhöhung des Seelenauftrags dieses Lebewesens zu beglei-
ten. Als Handwerkszeug nur für dieses Wesen.

Die genaue Beschreibung der Steinformation und das Ak-
tivieren der Seelenerhöhung wurden im Seminar „Bewusst-
seinsveränderung in der Neuen Zeit" vielfach geübt. Die See-
lenerhöhung wird hier bewusst nicht beschrieben, um einen
Missbrauch vorzubeugen. Sie wird nur angedeutet.

Ihr seid Teil dieser Erhöhung, weil ihr die Erlaubnis habt,
eine solche Erhöhung durchzuführen. Ihr seid sehr weit in eurem
Wirken. Und so wird euch in der derzeitigen Gegenwart eben-
falls erlaubt, Erhöhungen mit den einfachsten der Steine vor-
zunehmen. Seid sorgfältig in eurer Auswahl. Nehmt momentan
nur Steine zur Hilfe, die das Energiefeld so erhöhen, wie es das
Lebewesen verkraften kann. Denn ihr seid in der Verantwortung
für dieses Wesen und auch für euer Wissen und Wirken.

Legt den Stein zur Seite und berührt das Wesen voller Liebe. Schaut es euch an. Geht es ihm gut? Hatte eure Erhöhung Erfolg? Ist das Wesen in seiner Kraft? Wenn ihr diese Fragen mit Ja beantworten könnt, nehmt die anderen Energiesteine wieder an euch und legt sie seitlich auf den Tisch. Reicht dem Wesen die Hand und erkennt, dass es hell leuchtet und leicht ist. Die Seelenerhöhung hat auch die Erhöhung seiner Strahlkraft gefördert.

Das Lebewesen steht jetzt neben euch und bedankt sich für euer Wirken. Habt Dank und verabschiedet dieses Wesen in Liebe. So ist die erste Erhöhung wieder in euer Wissen hineingekommen. Eine Öffnung eurer Fähigkeiten der Vergangenheit ist wieder bei euch eingetroffen. Ihr habt wieder eine Öffnung erfahren und euch als Priesterin der alten Zeit erkennen dürfen.

Nun geht in die Mitte dieses kristallinen Raums. Stellt euch in die Lichtsäule und reinigt euch, denn dieser Akt der Erhöhung hat auch bei euch Spuren hinterlassen, und ihr müsst euch reinigen, damit euer Ego nicht wächst, sondern sich nur die Selbstlosigkeit eurer Taten bilden und stärken kann, ohne Erhebung über andere, trotz eures starken Wirkens hier. Lasst diesen Energiestrahl komplett durch euch hindurch wirken, so, wie es gut für euch ist. Streift alles ab, sodass eure Selbstgefälligkeit oder euer Ego euch nicht auf einen falschen Weg bringen kann.

Nachdem euer Körper gereinigt ist, erkennt, wie das Licht sich nun für euch verändert und in welcher Farbe es euch einhüllt. Ihr seid gereinigt, ihr seid wieder in der Ehrlichkeit eures Wirkens, in Demut für andere. Es ist euch gewährt, für euch eine Erhöhung durchzuführen. Geht wieder zu dem Tisch mit den Steinen und entscheidet euch für einen Stein, der für euch in der Wahrheit ist, doch hütet euch vor Überheblichkeit.

Nehmt eher einen Stein der geringeren Energien, anstatt euch zu überfordern.

Nun wählt den Stein aus. Welche Farbe hat er? Wie wirkt er? Ist er klein oder groß? Von diesem Stein nehmt ihr wieder die Anzahl der Steine, die ihr benötigt, plus den Führungsstein, begebt euch in die Mitte des Raums, legt das Muster der energetischen Erhöhung und setzt euch in dieses Muster hinein. Legt jeden Stein bewusst und voller Demut und in Kontakt mit diesem Stein. Frieden zu eurem Geist, Frieden zu eurer Seele, Frieden zu eurem körperlichen Sein. Beginnt, das Muster für euch zu aktivieren und erkennt, wie sich die Steine verhalten. Führt den energetischen Kontakt herbei, und dann gebt den Führungsstein zum Schöpfer.

Bittet den Schöpfer, euer altes Wissen in euer Dasein als Priesterin der Heilung und Führung nach und nach wieder in euren Geist zu bringen, damit ihr für euch und andere wirken dürft. Während der Schöpfer euch diese Genehmigung erteilt, lasst die Energien des Einen fließen. Lasst sie fließen und rotieren, so lange, bis sich euer energetisches Muster im Licht gewandelt hat. Licht pur. Licht im Sein. Das ist das Strahlen, das ihr benötigt.

Nachdem die Erhöhung bei euch manifestiert wurde, stoppt sie an dem Punkt, der euch gewährt wurde. Der Punkt, an dem ihr längere Zeit bleiben und wirken dürft. Spürt in euch. Ist die Erhöhung für euch so in Ordnung? Wie fühlt ihr euch? Seid ihr in Frieden mit euren Taten? Wenn ja, dann nehmt die Steine der Erhöhung zu euch und legt sie samt Führungsstein wieder auf den Tisch.

Jetzt schwebt zur Mitte, zu der energetischen Säule, um euch zu reinigen, euch von Taten und Gedanken, welche euch schaden könnten, zu verabschieden. Nur die reine Erhöhung als

Akt der Veränderung darf hier wirken. Alles andere hat keine Berechtigung. Frieden zu euch und euren Gedanken. Frieden zu euch und euren Taten.

Ich bitte euch, aus diesem Strahl herauszukommen und rechts von euch einen anderen großen Raum zu betreten, in dem ihr alle eure Weggefährten trefft, mit denen ihr früher verbunden wart. Geht in Kontakt mit diesen Wesenheiten, findet Frieden zu euch und euren Taten der Vergangenheit. Erkennt, dass das Wissen eurer Heilweisen sich langsam wieder bei euch offenbart. Ihr seid heil und geöffnet. Ihr seid in Frieden mit dem Wirken der Vergangenheit. So soll es sein.

Nun fordere ich euch auf, euch von euren Priesterschwestern zu verabschieden und ihnen zu sagen, dass ihr bemüht seid, den Weg in die alten Heilweisen wieder einzuschlagen, damit ihr in Zukunft in dieser Gemeinschaft miteinander wirken könnt. Verabschiedet euch und habt Dank für alle anderen hier.

Nun schwebt aus diesem Raum und aus dem nächsten Bereich hinaus aus der kristallinen Pyramide. Seid wieder bewusst in dem Tempel der Heilung. Schaut euch um. Es gibt mehrere Erhöhungen, die wie ein Podest aussehen. Das sind die Bereiche, in denen ihr gelehrt habt. Auf diesen Podesten habt ihr gestanden und an die anderen Schüler euer Wissen weitergegeben. Ihr wart Lehrer der Weisheit, Priesterinnen der Heilung. Ihr wart hoch in eurem Wirken, das wieder den Weg zu euch finden wird.

Verlasst das Gebäude der Heilung. Ihr befindet euch wieder in der schönen Natur voller Blumen, Wiesen, Farben und Klänge. Frieden ist um euch herum, sodass ihr am liebsten dort bleiben würdet. Doch noch ist die Zeit für euch nicht gekommen. Ihr habt noch den Auftrag, euer eigenes Paradies in eurem Inneren zu finden. Also verlasst für heute diesen Bereichen und geht zu dem Tor, durch das ihr gekommen seid und das rechts und links von Bäumen umgeben ist, die sich oben in der Spitze treffen. Ein wunderschöner Weg der Geborgenheit und Sicherheit. Geht diesen Weg und entdeckt die Wolke, die euch durch das Tor begleiten darf. Steigt auf und lasst euch wieder in eure Welt zurückführen.

Ihr seid wieder in eurer derzeitigen Welt angekommen. Ihr seid da. Ihr seid. Seht die Farben, die euch nun umgeben. Ihr seid Transformation pur. Eure Entwicklung strahlt durch eure Aura hindurch in die Welt. Durch eure Öffnung eurem Wissen gegenüber habt ihr euch selbst emporgehoben in die Sphären der Geistigen Welt, weil es euch erlaubt wurde. Und so begreift immer mehr, wie wir euch schätzen, wie wertvoll ihr seid. Wie energetisch hochwertig euer Wirken ist. Erkennt, dass dies das Ziel für die Neue Zeit ist, euch so zu erhöhen, dass ihr mit euren Brüdern und Schwestern wieder im Einklang wirken könnt.

Ihr seid wieder ganz im Hier und Jetzt, verbunden mit uns und Mutter Erde. Wir bedanken uns bei euch, dass ihr uns erlaubt habt, euch euer altes Leben deutlich zu machen, und den Wunsch in euer Herz gepflanzt habt, euch weiterzuentwickeln. Jeder Einzelne ist wertvoll in dieser Entwicklung. Und je mehr jeder Einzelne strahlt, umso schneller wird die Entwicklung stattfinden können.

Die Wolke umhüllt euch und bringt euch wieder sicher in diesen Raum. An diesen Ort, an dem die Reise in die Vergangenheit eures Wirkens stattgefunden hat. Ihr seid da. Das Wissen dieser Reise darf sich bei euch einprägen und für euch wirken. Doch benutzt es noch nicht für Menschen, denen diese Erhöhung nicht gewährt wird. Fragt bei jeder Erhöhung erst die Geistige Welt, ob es euch erlaubt ist, diese vorzunehmen. Frieden zu euch und euren Taten. Frieden zu euch und eurem Wirken. Ihr seid Licht, und in diesem Licht wirkt und strahlt. Seht euer Licht.

Amadeii

Aktivierung einer alten Heilweise

Licht und Frieden in eure Seele, die jetzt strahlt in ihrem Glück, erhöht worden zu sein. Eure Seele hat heute ein Festival der Energien erfahren dürfen und eine Rückführung in ihr altes Wissen, das sie bis jetzt verbergen musste. Eure Seele darf identisch werden, und das ist sehr wertvoll für sie. Weiterhin habt ihr eine Erweiterung in eurem Kopfbereich erfahren. Eine Erweiterung, die euren Geist betraf und euch eine Anbindung an die Geistige Welt ermöglichte, die für die Zukunft wichtig ist, weil eure Zellinformationen über die DNA in der Neuen Zeit eine neue zentrale Stelle in ihrem Wirkungsbereich erfahren. Über diese zentrale Stelle werden in Zukunft Heilungen stattfinden.

Damit ihr erfahrt, wie eine solche Heilung auszusehen hat, hier jetzt für euch eine Übung, erst im Kleinen, doch später, je größer eure Entwicklung ist, im Großen, im makrokosmischen Heilen. Dazu seid ihr jetzt schon in der Lage.

Bitte aktiviert euer Drittes Auge und schickt über eure Hände Energie dort hinein. Gebt Kraft und Stärke in euer Drittes Auge, damit sich dort eine Erkenntnis manifestiert, die ihr für euer zukünftiges Heilen benötigt. Lasst diese Energie so stark und groß werden wie ein Energieball. Kraftvoll und stark. Lasst sie wachsen, lasst sie Licht aufnehmen und alle Energien beinhalten, die ihr für eine Heilung benötigt.

Während der Energieball bei euch wächst, zieht bitte diese Energien in euren Hinterkopf und lasst den Energieball dort auch größer und stärker werden. Führt die Energie im Hinterkopf zur Helix – eine DNA-Quelle aus eurer Zelle, die wir dort schon verankert haben –, damit sich diese Helix vergrößert, stärker und

kraftvoller wird. Lasst sie wirken, lasst sie sich verstärken, im-
mer mehr.

Während in eurem Hinterkopf wieder ein Druck aufgebaut
wird, der für euch die Anwesenheit eurer Zelle mit ihrer
Zellinformation deutlich macht, sucht euch einen Punkt in eurem
Körper, der der Heilung bedarf. Legt eure Hände auf diese Stelle,
und dann aktiviert das Licht der Geistigen Welt im Bereich eures
Hinterkopfs, in eurem energetisch neu gebildeten Bereich. Lasst
das Licht dort immer stärker werden, bis dieser Bereich voll im
Licht wirkt. Dann zieht diese Energie herunter an die Stelle eurer
bedürftigen Heilung und lasst über eure Hände die Energie flie-
ßen, damit die Zellen dort die Informationen aus der Geistigen
Welt bekommen, wie sie zu funktionieren und zu heilen haben.

Spürt die Hitze, die an dieser Stelle entsteht, und zieht im-
mer wieder aus eurem Bereich des Hinterkopfs das Licht an die
zu heilende Stelle. Das Licht des Ursprungs, das Licht des Wis-
sens, vereint mit eurer Zelle, in der sich alle Informationen be-
finden. Lasst Heilung stattfinden. Konzentriert euch weiter auf
diesen Heilungsprozess, kraftvoll und stark. Und ihr merkt, dass
er eine andere Qualität hat als alle bisherigen Heilungen.

Zieht immer wieder die Heilenergien aus eurem neugebil-
deten Bereich des Hinterkopfs an die Stelle eurer Krankheit.
Eure Zellen reagieren auf diese neue Energie, die vertraut und
doch so verändert ist. Lasst sie fließen und wirken. Zieht immer
wieder die Energie aus eurem Bereich des Hinterkopfs an diese
Stelle. So lange, bis ihr einen leichten Windhauch bemerkt, der
euch zeigt, dass eine Veränderung in der Zellfunktion und der
Zellenergie stattgefunden hat.

Lasst es fließen und verändern. Spürt ihr noch Hitze, geht
die Hitze schon in leichte Wärme über, oder habt ihr sogar schon

einen leichten Windhauch? Konzentriert euch auf diesen Fluss von eurem Hinterhaupt bis an eure krankhaften Zellen. Lasst fließen, lasst heilen, lasst wirken.

Ein Licht aus der Geistigen Welt kommt ebenfalls zu dieser Stelle und bewirkt eine Transformation. Eure Zellen kommen wieder in ihre ursprüngliche Tätigkeit, in ihre ursprüngliche Information. Heilung hat stattgefunden. Heilung und Umprogrammierung durch den Ursprung.

Solltet ihr jetzt ein Kribbeln oder ein Gefühl von kleinen Messerstichen spüren, ist das ein Zeichen, dass sich diese Stelle für euch umwandelt. Nehmt es auf, lasst es wirken. Lasst die Farbe der Transformation, die Farbe Lila, über euren Geist, über euren Hinterkopf an diese Stelle fließen, damit die Zellen, die sich zu verändern hatten, in der Transformation wieder eine neue Richtung bekommen. Lasst es fließen und sich verändern. Verabschiedet, was verabschiedet werden darf. Es kommt in die Heilung durch euch. Durch eure eigene Helix.

Schaut euch eure Helix nun an, wie wunderschön sie ist. Wie sie schwingt in einer Einheit des Lichts. Der Kopfdruck, der jetzt wieder bei euch entsteht, ist ein Zeichen, dass viel Heilenergie geflossen ist. Und ich schicke meine Amadeii-Energie zu euch in euer Hinterhaupt mit der Bitte um Transformation, mit der Bitte um Heilung. So, wie es für euch richtig ist. Und noch einmal schicke ich meine Amadeii-Energie über euer Mandala in euren Körper hinein mit der Bitte, dass sich alle eure Zellen in Zukunft neu orientieren, was ihren Ort anbelangt. Dass Zelle für Zelle, Funktion für Funktion, von unten nach oben ihre Wirkungsstätte in das geistige Zentrum eures Kopfes gibt. Stück für Stück, ohne den Verlust von Wirkung.

Spürt jetzt, wie euer Kopf euch wieder drückt, da ihr dieses Zentrum heute das erste Mal bewusst für eine Heilung aktiviert habt. Je öfter ihr das tut, umso leichter wird es euch fallen und umso weniger Druck entsteht. Zelle für Zelle gibt ihre DNA-Information an den Bereich eures Hinterkopfs ab, damit dort eine größere Kraft entstehen kann und eure zukünftige Schaltzentrale dort eingerichtet werden darf.

Spürt noch einmal diesen Kopfdruck. Seid dankbar für diese Öffnung. Lasst es los. So, wie es sein soll, so wird es geschehen. Und ein letztes Mal schicke ich meine Amadeii-Energie über euer Mandala in euren Kopf, über eure Schultern und eure Arme, über euren Körper in beide Beine, und lasse eine Transformation in eurem Körper wirken. So soll es sein.

Ich bedanke mich, dass ich euch heute führen und in alte Heilweisen einweisen durfte. Ihr habt euch für würdig gezeigt, wieder in euer altes Wissen zu kommen. Habt Dank, dass ich bei euch wirken durfte.

Amadeii

☆☆☆

Meditation: Die Ablösung eurer Lebensaufgabe vom Karma eurer Ahnen

Frieden zu euch und euren Ahnen. Ich lade eure Ahnen ein, in diesen Raum zu treten und mit euch in Liebe zu wirken, so, wie es für eure derzeitige Entwicklung wichtig ist —, liebevoll zu wirken und euch die Entwicklungen deutlich zu machen, die für euren zukünftigen Weg wichtig sind. Vergangenes darf Vergangenheit bleiben, Unschönes muss nicht deutlich werden. Der Ahnenauftrag hat hier keine Rolle zu spielen. Wichtig ist euer Lebensauftrag, der von euren Ahnen mitbegleitet, nicht mitbestimmt wird.

Ich lade für jeden Einzelnen von euch einen Ahnen ein, der sich für diese Aufgabe bereitstellt. Und ich möchte diesen Ahnen bitten, sich hinter den jeweiligen Teilnehmer zu stellen und liebevoll die Hände auf seine Schultern zu legen. In Liebe verbinden, in Liebe sein. Das ist der zukünftige Weg in Kontakt mit deinem Ahnen, der dir hier jetzt hilfreich zur Seite steht. Über ihn ist es dir möglich, deinen Lebensauftrag, der derzeit bei dir noch Wirkung hat, zu erfragen. Nur die höchsten Wahrheitsenergien dürfen hier in Liebe wirken.

Lasst Licht und Liebe in dieses Ahnendreieck fließen, das vorab als Schutz um euch herum aufgebaut worden ist. Lasst die Energien dort hineinfließen und euch deutlich machen, welchen Weg ihr noch für euren Auftrag zu gehen habt und welche Hürden euer Ahne aus dem Weg räumen kann. Wirkt gemeinsam. Seid gemeinsam in dieser Aufgabe. Lasst es geschehen. Lasst es wirken im Sein.

Es ist euch jetzt erlaubt, eurem Ahnen Fragen zu stellen, die euch euren Weg deutlich machen können. Fragt, was immer für euch wichtig ist. Das, was ihr wirklich wissen müsst. Und ich fordere euren Ahnen auf, sich vor euch zu stellen und seine Energien der Liebe zu euch fließen zu lassen. Nur Energien der Liebe dürfen zu euch fließen. Allein Liebesenergien haben in diesem energetischen Dreieck die Berechtigung zu fließen. So darf es wirken, so darf es sein.

Wie fühlt es sich an für euch? Ist es ein klares Fließen, ist es ein Fluss, ein Brunnen, der sich in euch auftut und eure Energien vereint? Schaut genau hin und schaut euch ebenfalls die Farbe dieses Flusses an. Lasst es auf euch wirken und nehmt es in Dankbarkeit an.

Meine Amadeii-Energien kommen von oben in dieses energetische Dreieck, und ich trenne alle energetischen Bänder der Schuld, die von euren Ahnen aufgelistet worden sind und die man euch mit auf den Weg gegeben hat. Ich trenne für euch diese Verbindlichkeiten, diese Bänder, sodass ihr von nun an mit euren Ahnen nicht mehr in Schuld verbunden seid. Von nun an seid ihr frei und nur noch für eure eigenen Taten verantwortlich. Eure Ahnenenergien der Schuld sind hiermit aufgelöst und gleichzeitig für eure Ahnen getilgt.

Dieses Geschenk der Geistigen Welt für euch und eure Ahnen darf sich hier manifestieren. Lasst die Energien fließen, lasst die Bänder der Schuld sich trennen. Ihr seid befreit. Keine karmischen Lasten durch eure Ahnen mehr. Nur noch ihr in eurer eigenen Verantwortung. Ein Halleluja auf diese Veränderung. Seht, wie sich euer Ahne vor euch auf die Knie begibt und euch dankt, dass diese Verbindung nun in Liebe aufgelöst und alle Bänder der Schuld durch eure Anwesenheit hier getrennt werden durften.

Erkennt euren Ahnen in Frieden, hebt ihn hoch und umarmt ihn. Lasst Frieden und Leichtigkeit in eure Beziehung fließen. Lasst Stille in euer gemeinsames Wirken hineinfließen, und alles Vergangene ist aufgelöst, ohne ein Band in die Zukunft tragen zu müssen. Und auch eure Kinder und Kindeskinder sind von diesem Karma eurer Ahnen von nun an befreit. So soll es sein.

Und noch einmal schicke ich meine Amadeii-Energien von oben in dieses energetische Dreieck. Lasst sie wirken. Spürt die Transformation der Kühle, spürt die Erleichterung und die Veränderung. Und ein letztes Mal lasse ich meine Energien in dieses energetische Dreieck fließen, damit ihr die Befreiung spüren könnt. Seid beseelt in eurem Frieden und geht euren Weg von nun an ohne ein Karma eurer Ahnen.

Euer Ahne küsst euch voller Demut auf die Stirn. Dann verlässt er euer energetisches Dreieck und geht zurück zu seinen Ahnenenergien. Spürt die Dankbarkeit, die er zurücklässt. Spürt, wie glücklich und befreit dieser Ahne durch diesen Akt ist. Seid im Frieden. Geht in euren Frieden. Seid dankbar und löst eure Lebensaufgabe von nun an nur für euch.

Amadeii

Übung: Reinigung eurer Aura und Aufbau eines Energiebandes des Schutzes

Die letzte Übung in diesem energetischen Viereck wird eine Aura-Reinigung sein, um einen Schutzmantel um euch herum aufzubauen.

Ich möchte euch bitten, wieder ganz in euren Körper ein- und auszuatmen. Ein- und ausatmen. Und mit einem Atemzug den Weg zu eurer Seele zu suchen, den Weg zu eurer Seele zu finden, den Weg zu eurer Seele zu gehen. Eure Seele, die nun strahlt, die kraftvoll ist in ihrem Wirken und Strahlen durch die Reinigungen und Geschenke der Geistigen Welt. Eure Seele darf sich nun für euch öffnen und für euch strahlen. In den hellsten Farben, die in ihr enthalten sind.

Eure Seele, das Zentrum eurer Liebe, ist der wertvollste Aspekt in euch, neben eurem Geist, dem ihr in Liebe begegnet und den ihr immer wieder liebevoll betreuen möchtet. Eure Seele ist der wertvolle Aspekt, der euch von dem Einen mit in dieses Leben gegeben wurde, um euch in Demut zu begleiten und euch zu leiten in Not und Liebe. Was immer erforderlich ist, eure Seele ist euer Diener, obwohl sie eine der höchsten Energieformen auf der Erde darstellt. Eure Seele – eure Liebe, euer Strahlen.

Ich möchte euch bitten, einen Liebesaspekt von eurer Seele zu eurem Inneren Kind zu schicken, das wie eure Seele eure Liebe benötigt. Liebe für euer Inneres Kind. Stellt die Verbindung von der Seele zu eurem Kind her und knüpft diese Verbindung so fest, dass sie nicht mehr unterbrochen werden kann.

Vor euch öffnet sich ein Raum. Der Garten eures Inneren Kindes enthüllt sich euch. Schickt Licht und Liebe aus eurem Herzen in den Garten des Inneren Kindes und wieder zurück. Belebt beide Bereiche in der Liebe, so, wie es für euch richtig ist. Während ihr dieses Band gefestigt habt, schickt einen energetischen Strahl zu eurer Silberschnur. Nun verbindet eure Silberschnur mit dem Garten des Inneren Kindes und mit eurer Seele in einem energetischen Strahl, der sich zu einem Dreieck ausbildet, damit in Zukunft eure Seele und das Innere Kind in Licht und Liebe erstrahlen.

Schickt Licht und Liebe zu eurem Inneren Kind, von eurem Inneren Kind zurück zu eurer Silberschnur und von der Silberschnur wieder zurück zu eurer Seele. Dieses energetische Band der Liebe, der Einheit von Licht und Frieden, das über die Silberschnur nun ebenfalls mit der Geistigen Welt in Verbindung ist, möge in Zukunft bei euch wirken und die Überhand über alle anderen Gefühle gewinnen, die nicht gut für euch sind. Lasst dieses energetische Dreieck, das wie ein Engel mit Flügeln aussieht, sich nun vergrößern und nach außen strahlen. Zuerst in euren ganzen Körper. Lasst ihn sich mit diesen Energien füllen und diese dort für einen Moment wirken. Dann schickt die Strahlen weiter. Lasst Sie aus eurem Körper hinaus in eure Aura fließen.

Schicht für Schicht fließend. Schicht für Schicht höher steigend. Schicht für Schicht eure Aura komplett umhüllend. Alles, was ihr seid, ist nun von diesem energetischen Dreieck eurer Seele umstrahlt und umhüllt. Erkennt euch in diesem Licht. Erkennt eure wirkliche Lichtgestalt, die sich in eurer Aura befindet. Erkennt euer Sein, das komplett erstrahlt ist. So seid ihr in Wirklichkeit. Ein Lichtkörper der Helligkeit und der Liebe.

Lasst diese Strahlen noch weiter eure Aura-Schichten bele-
ben. Wie ein Impuls fließt es von eurem energetischen Seelen-
dreieck immer wieder wie ein pulsierender Strom in die Aura.
Lasst es geschehen, lasst es sein, so, wie es für euch richtig ist.
Lasst sich eure Aura in Licht und Liebe vergrößern.

Erkennt, eure Daseinsform ist Licht und Liebe. Das ist euer
Auftrag und euer Lichtaspekt, dem ihr hier in diesem Leben fol-
gen dürft. Frieden zu euch und euren Taten. Frieden zu euch und
eurem Wirken. Lasst weiter diese Energien in eure Aura einflie-
ßen und spürt, wie ihr immer kraftvoller, lichter und leichter
werdet. Ihr seid Licht, ihr seid Liebe.

Um die Umhüllung eurer letzten Aura-Schicht lege ich nun
ein Energieband des Schutzes. Komplett um eure letzte Aura-
Schicht. Ihr bekommt eine kristalline Schicht, die eure Aura in
Zukunft beschützten wird vor Widrigkeiten, vor unguten Gedan-
ken und Taten. Vor den Schatten, die euch fordern und verleiten
wollen. Dieser Schutzmantel um eure Aura wirkt in Zukunft für
euch.

Spürt jetzt die Kühle, die euch hier umgibt, denn sie bewirkt,
dass die letzten Schatten euch verlassen. Lasst es zu. Lasst es
in Frieden geschehen. Und mein Aufruf an euch für die Zukunft
lautet: „Bewahrt eure Liebe!" Die Liebe, das Wertvollste, das
ihr von dem Einen mitbekommen habt. Bewahrt diese Liebe für
euch und hegt und pflegt sie, lasst sie strahlen und in eurem
Lichtkörper wirken, für immer. So soll es sein.

Und ich lege weiterhin ein Energieband des Schutzes über
euer energetisches Liebesdreieck in der Verbindung mit eurer
Silberschnur, damit sich auch dort ein schützender Mantel bil-
det, sodass es keinem gewährt ist, dort während eures Lebens
auf der Erde einen Keil dazwischenzuschieben. Hier wirkt nun ein

Schutz. So lange ihr lebt, wird dieses Energieband des Schutzes für euch schützend um dieses Dreieck wirken. So wird es sein.

Eure Aura darf sich wieder schließen, damit ihr in eurem Wirken geschützt seid. Ihr seid geschützt. Ihr seid beschützt. Und meine Amadeii-Energien fließen von oben in eure Aura-Schichten hinein. Über eure Aura in euren Körper, komplett hinein bis zu euren Füßen und dann wieder zurück über eure Aura. Diese kristalline Energie wird euch in diesem Bereich in Zukunft weiter begleiten. Spürt diese Transformations-Energie. Lasst sie zu. Es ist mein Liebesgeschenk an euch. Lebt in Frieden, seid gegrüßt.

Amadeii

Aktivierung der Eigenliebe in den Heilenergien von Mutter Maria

Ihr Wesen der Neuen Zeit, erkennt euer Strahlen und seht, wie es sich für euch verändert hat. Erkennt, wer ihr seid. Akzeptiert, wer ihr seid, und nehmt euch so an, wie ihr seid. Ihr seid der göttliche Aspekt des Einen, der hier auf der Erde in eurem Körper wirken darf. Nur für euch und euren Seelenauftrag. Nur für eure Entfaltung und Entwicklung. Ihr seid hier im göttlichen Aspekt, um Erfahrungen zu sammeln und euch selbst kennenzulernen, mit allen Facetten, die euch ausmachen, und Wege zu gehen, die euch zeigen, welche Aufgaben zu lösen sind und welche Wege ihr noch vor euch habt.

Mannigfaltig ist der Weg, voller Steine und Hürden, die immer wieder versuchen, euch von eurem Weg abzubringen. Doch vertraut auf euch, auf eure Intuition. Vertraut auf eure innere Stimme, sodass ihr in der Lage seid, die Verführungen, die immer wieder um euch sind, zu erkennen. Diese werden geschickt, um euch zu prüfen, damit ihr immer wieder euer Lernprogramm neu starten könnt – mit neuen Aspekten und Konstellationen –, um euren Auftrag zu bewältigen.

Nun möchte ich euch einige Konstellationen nennen, die euren Auftrag immer wieder von einer anderen Perspektive beleuchten. Im Vordergrund eures Auftrags ist das Wirken in der Liebe für euch und eure Umgebung. Doch wie wir immer wieder erkennen, fällt euch das Wirken für eure Umgebung leichter als das für euch. Ihr seid bereit, bei anderen Kreaturen Schwächen zu akzeptieren, teils liebevoll zu belächeln, doch mit euch selbst geht ihr sehr hart ins Gericht. Ihr verurteilt euch wegen eurer Taten oder Gedanken in sogenannter mangelnder Liebe.

Doch alles, was von euch umgesetzt oder gedacht wird, ist Teil eures Lehrauftrags, der euch als Handwerkszeug zur Verfügung gestellt wurde. Erkennt, wie schwer und facettenreich euer Leben sich darstellt. Und erkennt eure brillante Art, diese Schritte zu gehen. Erkennt, wie wertvoll es ist, im normalen Alltag des Lebens zu überleben und zu bestehen. Wärt ihr in einem Kloster eingesperrt, wären die Versuchungen, die in eurem Leben und Umfeld zu finden sind, nicht so stark.

Ihr seid aufgefordert, euch so anzunehmen, wie ihr seid. Ihr seid aufgefordert, euch so zu akzeptieren, wie ihr seid. Ihr seid aufgefordert, euch so zu lieben, wie ihr seid. Vertraut darauf: So, wie ihr erscheint, ist es gewollt. Liebe zu euch.

Liebe ist ein sehr wertvoller Aspekt, der euch in eure Entwicklung bringt oder euch hemmen kann, wenn ihr mit euch immer wieder nachdenklich und zweifelnd ins Gericht geht. Findet die Liebe zu euch und lernt, euch so anzunehmen, wie ihr seid. Diese Liebe dürft ihr ausleben, so, wie es gut für euch ist. Nur ihr steht hier im Vordergrund.

Die einzige Regel, die das unterbindet, ist, wenn euer Wirken die Grenzen verlässt und in eine andere Aura und Einheit eindringt. Dann seid ihr in einem Bereich, der euch nicht zusteht. Wirkt so, wie es für euch gut ist, und unterbindet das Eindringen in andere Bereiche. Verletzt andere Bereiche nicht. Geht gedanklich, körperlich und in euren Taten nicht über eure Grenzen hinaus. Das steht euch nicht zu. Es sei denn, ihr wurdet darum gebeten. Dann ist ein Übergreifen in den Bereich eines energetischen Wesens in der Wahrheit. Aber nur dann.

Lernt, euch nicht nur mit Worten in eurem Bereich zu befrieden, sondern auch mit euren Gedanken, eurer Mimik und euren Blicken. All das sind Bereiche, mit denen ihr über die

Grenzen hinaus wirken und Signale setzen könnt. Passt diesbezüglich auf euch auf. Kontrolliert eure Taten nach außen. So lange sie in der Liebe strahlen, ist alles in Harmonie. Und erhebt euch bitte nicht über andere, auch wenn euer Strahlen noch so hell ist. Jedes einzelne Wesen hat sein Licht. Und dieses Licht strahlt für jedes einzelne Wesen so stark, wie es im Augenblick notwendig ist.

Erkennt das Strahlen anderer Wesen und akzeptiert es ohne Bewertung, ohne Erhebung, ohne das Annehmen einer Herrlichkeit, die euch nicht zusteht. Geht in Demut mit eurem Wissen und Wirken um. Gebt euch so, wie ihr seid. Für euch, nur für euch. Denn ihr habt die Verantwortung für euer Wirken. Ihr seid für euch verantwortlich, und niemand kann euch diese Verantwortung abnehmen.

Doch nehmt auch keine Verantwortung von einem anderen Wesen an, das nicht in der Bedürftigkeit zu euch steht. Für eure Kinder seid ihr in der Lage, hilfreich zu wirken, ebenfalls für eure Tiere. Doch in allen anderen Bereichen habt ihr euch zurückzuhalten und nur dort zu wirken, wo ihr um Wirkung und Heilung gebeten werdet. Erkennt die Wertigkeit meiner Worte. Erkennt eure Grenzen. Wahrt eure Grenzen. Seid in euren Grenzen und wirkt dort so, wie es für euch richtig ist.

Und erkennt die Liebe, die ihr für euch wirken lassen dürft. Erkennt eure Wertigkeit für euch, ohne Vergleich, nur für euch. Denn ihr steht für euch im Vordergrund. Und übt alle Wege in Liebe und Demut. Liebe haben wir schon angesprochen. Demut ist ein Bereich, der Geduld in euer Leben bringt. Demut bedeutet das Annehmen von Situationen, die ihr nicht ändern könnt oder dürft. Demut bedeutet, euch nicht im Ego zu produzieren, sondern euch in Liebe erstrahlen zu lassen. Demut bedeutet, so zu wirken, wie ihr in Wirklichkeit wirken dürft, ohne Schein.

Seid ihr selbst. Seid pur, und ihr werdet strahlen über alle Grenzen. Aber erhebt euch nicht über euch und andere. Ihr seid, und so ist es in Liebe erforderlich. Ihr seid.

Ich möchte euch heute eure Liebe deutlich machen. Die Liebe zu euch selbst, nur zu euch.

Legt eure Hand auf euren rechten Brustbereich und lasst dort Liebe über eure Hände in euren rechten Brustbereich fließen. Das ist der Bereich der Eigenliebe, der oft bei euch zu kurz kommt. Seht eure Liebe zu euch. Es ist eine kleine Flamme, die flackert. Sie könnte heller strahlen, wenn ihr euch mehr akzeptieren würdet in eurem Wirken, so, wie ihr wirklich seid. Ohne Vergleich und Erhebung. Während ihr dort eure Hände hinhaltet, bitte ich Mutter Maria, mit in diesen Heilungsprozess zu kommen und ihre Energien in eure rechte Brusthälfte fließen zu lassen. Kraftvoll und stark, voll perlmuttfarbiger Energien.

Lasst diese Energien bei euch wirken, mütterlich, liebevoll, so, wie ihr die Eigenliebe bei euch aufbauen müsst. Seid wie das Kind, das sich bei Mutter Maria in der Liebe geborgen fühlen darf. Nehmt diese Energien in Liebe und Demut an. Nur für euch ist diese Energie geplant. Findet Frieden in diesem Lichtstrahl. Atmet ihn ein und aus. Lasst alle eure Selbstzweifel und Gefühle der Minderwertigkeit mit einem Atemzug aus euch herausfließen und bei jedem Einatmen Licht und Liebe, Stärke und Kraft in eure rechte Brust, den Sitz der Eigenliebe, hinfließen.

Lasst anschwellen, was dort anschwellen darf. Lasst eure Eigenliebe kraftvoll und stark werden. Gebt euch das Recht, euch mit Eigenliebe vollfließen zu lassen. Es ist euch erlaubt. Es ist für euch in Frieden.

Zieht diese Energie nun in die Mitte zu eurem Herzen hin und lasst euer Herz an dieser Liebesenergie mit partizipieren. Lasst euer Herz in dieser Energie wachsen. Lasst es strahlen. Euer Herz ist das Haus eurer Seele. Spürt den Druck in eurem Herzbereich, spürt den Schmerz eurer Seele, die oft nicht so beachtet wird, wie es ihr guttun würde. Und lasst die Energien von Mutter Maria, dieses strahlend perlmuttfarbige Energiestrahlwesen, zu euch kommen. Atmet tief ein und wieder aus. Lasst Frieden in euer Herz- und Seelenzentrum fließen. Atmet Liebe ein und Zweifel aus. Atmet Liebe ein und Zweifel aus. Seht, wie euer Herzbereich sich ausdehnt und kräftiger und stärker wird. Erkennt, wie wertvoll diese Energie von der Mutter des Einen bei euch wirken kann.

Während ihr nun in eurer Mitte, in eurer Liebe seid, kommt ein Energieball aus dem Universum zu euch herunter und bleibt in Herzhöhe stehen. In diesem Energieball wird eine Situation für euch projiziert, in der ihr euch nicht wohlgefühlt habt. Eine Situation, in der ihr an euch gezweifelt habt, in der ihr nicht in Liebe zu euch wart.

Schaut euch diese Situation an. Wenn ihr das Ergebnis erkannt habt, seid bereit, mittels eurer Gedanken und eures Herzens Liebesenergien zu dieser Kugel zu schicken, damit sich das Ganze in Liebe und Wohlgefallen auflösen kann. Nehmt es als ein Geschenk, das euch eine Umwandlung einer Situation, mit der ihr unglücklich wart, ermöglicht. Und verändert euch in dieser Energiekugel zu einem strahlenden, freundlichen Wesen. Nehmt es an, klärt die Energien dieser Lichtkugel.

Nehmt noch einmal einen tiefen Atemzug und erkennt, dass diese Situation sich für euch geklärt hat. Dass ihr für euch nun in dieser Situation im Frieden seid. Frieden zu euch und euren Taten. Schaut euch die Kugel an. Ihr seht euch nicht mehr selbst, sondern Energieformen, die strahlen und tanzen. Das sind die Aspekte eures Lichts, die nun befreit wirken dürfen.

Nun lasst die Energiekugel in ihrer Veränderung wieder hoch zum Universum steigen. Erleichterung und Freude in eurem Seelenbereich dürfen eintreten. Frieden zu euch, zu euren Taten und vor allem zu euren Gedanken. Haltet eure Gedanken im Zaum, denn Gedanken sind schnell. Gedanken sind unkontrollierbar, wenn man ihnen freien Lauf gewährt. Kontrolliert eure Gedanken und lasst an dieser Stelle die Liebe wirken.

Die Energien von Mutter Maria verstärken sich nochmals in eurem Herzbereich und lassen euer Herz strahlen und kraftvoller werden. So soll es sein. Die Energien von Mutter Maria verabschieden sich in Liebe von euch. Und ihr seid wieder so pur, wie ihr wart. Könnt ihr euch nun erkennen, wie ihr in eurer Reinheit seid? Könnt ihr erkennen, welche Formen ihr in Wirklichkeit habt? Wie ihr gewirkt habt und wie ihr gewesen seid? Schaut euch in Liebe an, ohne Bewertung und Verurteilung.

Während ihr den Zugang zu eurer Eigenliebe und zu eurem Herzen mit der Seele gefunden habt, schicke ich meine transformierenden Energien über euer Mandala in euren Körper hin zu eurem Herzbereich und bitte um Klärung, Reinigung und Transformation von Verletzungen, die ihr selbst verschuldet, die ihr euch selbst zugefügt habt, in Gedanken, Worten und Taten. Liebt euch so, wie ihr seid, und lasst Klärung und Reinigung zu.

Und noch einmal schicke ich meine Amadeii-Energien über euer Mandala in euren Körper hinein, hin zu eurem Herzbereich, zu eurer Seele. Lasst los. Geht in die Zukunft und verabschiedet die Vergangenheit. Geht in die Verzeihung und kommt in die Akzeptanz. Und ein letztes Mal schicke ich meine Amadeii-Energien über euer Mandala in euren Herzbereich, mit der Bitte um Transformation und Verabschiedung in Liebe. So darf es sein.

Nun legt eure Hände auf euer Herz und sagt laut:

„Ich nehme mich so an, wie ich bin! Ich nehme mich so an, wie ich bin! Ich nehme mich so an, wie ich bin! Ich darf mich so lieben, wie ich bin! Ich darf mich so lieben, wie ich bin! Ich darf mich so lieben, wie ich bin! Und so ist alles gut! Und so ist alles gut! Und so ist alles gut. In Frieden und in Liebe vereint. In Frieden und in Liebe vereint. In Frieden und in Liebe vereint.“

Atmet tief ein und aus und nochmals ein und aus. Spürt, wie eine Leichtigkeit in euch hineingekommen ist. Spürt den Frieden in euch und bewahrt dieses Gefühl für euch in Zukunft. So soll es sein.

Amadeii

Seelenheilung mit Erzengel Chamuel

Frieden und Ehre zu eurer Seele, die strahlt und die Licht des Einen ist. Eure Seele, die so empfindlich ist in ihrem Wirken. Eure Seele, die Wärme und Liebe für euch beinhaltet und so oft von außen verletzt worden ist. In der Verletzung ist oft das Thema Schuld im Vordergrund. Bei einer Verletzung gibt man euch oft eine Schuld für etwas, woran ihr keine Schuld tragt, worin ihr keine Schuld sehen könnt. Denn es sind Fügungen, die entstehen, um euren Lernauftrag durchführen zu können. Einen Erfahrungsschatz ansammeln zu können, aber keinerlei Schuld aufzuladen.

So möchte ich mit euch nun eine Seelenheilung in einem energetischen Dreieck aufbauen. Eine Seelenheilung nur für eure Seele, damit aktuelle Verletzungen aus diesem Leben, aber auch präsente Verletzungen aus alten Leben sich mittels Transformation auflösen können. Frieden zu euch und eurer Seele.

Legt eure Hände auf euren Bereich des Herzens, lasst eure Energien hin zu eurer Seele fließen und nehmt gedanklich Kontakt zu ihr auf. Bedeutet eurer Seele, dass ihr in Liebe zu ihr seid, auch wenn ihr sie oft nicht beachtet habt. Jetzt ist euch eure Seele und ihre Bedeutung bewusst, und es ist der Zeitpunkt, an dem eine Seelenheilung stattfinden kann. Nur die Dinge, die Taten, die euch bewusst sind, könnt ihr in eurem derzeitigen Leben auflösen und verändern. So wird es sein, so darf es sein.

Ich lade Erzengel Chamuel ein, zu euch in dieses energetische Dreieck zu treten. Erzengel Chamuel, der Engel der Liebe, der die Seelen betreut und für sie wirkt. Ich bitte den Erzengel, hinter euch zu treten und euch in seine Energien einzuhüllen.

Euch in pure Liebe einzuhüllen und diese Liebe zu eurer Seele fließen zu lassen. Liebe pur zu euch. Liebe zu eurer Seele. Es ist der Zeitpunkt der Verabschiedung aller Verletzungen, die sich derzeit in euren Seelen noch manifestiert haben.

Die Energien von Erzengel Chamuel fließen gezielt in euren Herzbereich. Spürt, wie euer Herz sich weit öffnet und einen Trichter nach außen bildet. Einen Trichter, der die Energien, die nicht gut für euch sind und waren, nach außen abfließen lässt, hoch ins Universum, mit der Absicht um Transformation. Und weiter fließen die Verletzungsenergien aus eurer Seele hinaus weit ins Universum. Eure Seele wird schon viel leichter, da diese Verletzungen sie verlassen dürfen.

Und ein letztes Mal geht Chamuel mit seinen Liebesenergien in eure Seele und zieht alle Verletzungen, die dort noch vorhanden sind, aus eurer Seele heraus. Und diese fließen hoch ins Universum mit der Bitte um Transformation.

Erkennt, wie hell plötzlich alles um euch herum ist. Wie hell und licht ihr in eurem energetischen Dreieck und im Umfeld von Chamuel seid. Erzengel Chamuel schickt seine Heil- und Liebesenergien zu eurer Seele. Er lässt eure Seele sich mit Liebe auftanken. Liebe und Heilung. Das ist es, was eure Seele benötigt. Liebe und Heilung für euch und eure Seele.

Seht, wie alles hell und klar in eurem Seelenbereich strahlt. Und wie dieser Trichter ebenfalls in hellen, kristallinen Energien in einem dezenten rosafarbenen Nebel fließt. Lasst diese Energien zu euch kommen und wirken. Heilung und Liebe für euch. Heilung und Liebe.

Noch einmal schickt Erzengel Chamuel Heilenergien in eure Seele. Heilung und Liebe können sich dort manifestieren.

Jetzt nimmt Erzengel Chamuel einen Lichtaspekt von sich und pflanzt diesen direkt in euer Herz, auf dass diese Liebe für euch in eurem Herzen immer erstrahlen möge. Liebe für euch und eure Umgebung.

Erkennt das Strahlen, das von nun an von euch ausgeht. Schaut, wie sich um euch herum ein Energiefeld der Liebe und des inneren Friedens bildet. Ihr seid jetzt Frieden pur in eurem Wirken und Strahlen. So soll es sein. So wird es immer sein, und so weist es das Licht.

Erzengel Chamuel umarmt euch noch einmal voller Freude und Liebe und lässt seine Energien komplett in euer Dreieck fließen, damit es sich von eurer Mitte über eure Aura ausdehnen kann und ihr zukünftig in Liebe strahlt. So wird es sein. Erzengel Chamuel bedankt sich bei euch voller Demut, dass er für euch hier wirken durfte, und verlässt euer energetisches Dreieck.

Ich, Amadeii, besiegele dieses energetische Dreieck für euch, für eure Zukunft. So bleiben diese Energien für euch erhalten, und keine Schatten haben das Recht, in Zukunft den Weg zu eurem Herz und zu eurer Seele zu finden. Ihr seid Liebe, ihr seid Licht. Lebt in eurer Liebe, so ist es gewünscht.

Amadeii

Gezielte Fragen von Lesern sowie Teilnehmern des Amadeii Live-Channelings am 4.5.2016

Ich grüße und ehre euch, die ihr den Weg in diesen Raum gefunden habt, und ich erkenne jeden Einzelnen von euch. Ich sehe in eure Seelenenergien und erkenne das Strahlen eurer Seele. Und in diesem Wirken sage ich ein freudiges Halleluja zu euch und bin nun bereit, mich euren Fragen in Liebe zu stellen. Es sei gewährt, die erste Frage zu formulieren:

Was kannst du uns zu den Stoffwechselveränderungen in naher Zukunft sagen? Ab wann ernähren wir uns nur noch vegetarisch? Wie können wir unseren Stoffwechsel aktivieren?

Das sind viele Fragen rund um euer körperliches Wohlbefinden, doch ich bin bemüht, diese so zu beantworten, dass Klärung in euren Geist kommt.

Ja, die Veränderung der Nahrung ist der erste Schritt in die mentale Entwicklung, die die Organisation der Umstrukturierung eurer Organe benötigt, denn ohne das ist die Veränderung in die Feinstofflichkeit bis zum letzten Detail nicht möglich.

Vegetarische Kost ist nicht nur das Zuführen von Nahrung, die nicht leichenähnlich ist, sondern eine Entwicklung des Gedankenprozesses und des Respekts vor den Nahrungsmitteln. Ein Prozess der Würdigung und Ehrung der Nahrung, die sich offiziell für euch zur Verfügung gestellt hat. Vegetarische Ernährung hat nicht allein mit der Reinigung eures Körpers zu tun. Es ist ein kleiner Anteil von vielen, ein Schritt hin in die Feinstofflichkeit, weil sich dadurch euer Denken, euer Respekt vor der

Nahrung verändert und Anerkennung und Würdigung all der Nahrungsprodukte entsteht, die nur für euch auf der Erde ein Ok im Rahmen der Nahrungskette gegeben haben.

Schaut bitte auch auf alle Produkte, die sich als Ersatzprodukte der unnatürlichen Art entwickeln. Schaut auf einen Markt, der hochprescht, um euch vorzugaukeln, euch gesunde Nahrung in Form von veränderten Arten zuzufügen, ohne Fleisch, ohne tierisches Produkt. In diesen veränderten Nahrungsmitteln ist mehr Giftkonzentration für euch enthalten, als ein reines Fleischprodukt der Ehrung sein könnte.

Achtet bitte auf meine Botschaft und erkennt, dass nicht rein das Vegetarische hier die Voraussetzung ist, sondern das Anerkennen und Ehren der Nahrungsmittel, die euch von der Geistigen Welt in Absprache mit diesen Nahrungsmitteln zur Verfügung gestellt werden. Dazu gehören alle einheimischen Produkte, die in eurer Erde wachsen können. Ebenso alle Produkte, die auf eurer Erde in Einheit und ohne Tötung benutzt werden dürfen.

Erkennt den Unterschied, erkennt auch, wie die vegetarische Kost, die von weither hierhin eingeflogen wird, euch nicht mehr unter dem Motto der gesunden Ernährung zu vermitteln ist. Lasst das bei euch wirken, denn diese Erkenntnis steht im Vordergrund für die bewusste und veränderte Ernährung in eurem Bereich.

In diesem Reinigungsprozess wird sich euer Stoffwechsel automatisch verändern, wenn alle Giftstoffe, die ihr oral zufügt, sich aus eurem Körper verabschieden dürfen. Dann setzt sich ein normaler Stoffwechselprozess in eurem Körper in Gang, der alle eure Zellen zum Klingen bringt, die sich in der Veränderung schon bedingt entfalten, wenn diese die giftfreie Nahrung erhalten.

Bedenkt, all das ist eine Symbiose, und viele Krankheiten bei euch sind bedingt durch die Gifte, die ihr eurem Körper und euren Zellen zugefügt habt. Und so wird es geschehen, wenn ihr dort in die Reinigung kommt, allein durch die Zuführung dieser Produkte, dass sich euer Körper verändern wird, dass sich die Prozesse innerhalb eures Körpers verändern werden. Das alles wird dann die Voraussetzung bilden, dass sich eure Organe zurückbilden können. Doch diese Informationen im Detail werden euch erst später zukommen, damit ihr nicht in die Überforderung kommt.

Seht und erkennt reine, saubere, klare Nahrung aus eurer Umgebung. Unverfälscht und unbehandelt ist sie das Höchste, was ihr euren Zellen und eurem Stoffwechsel zufügen könnt, um eine Veränderung in eurem körperlichen Sein zu produzieren. Dies sind meine Worte. Doch sei euch noch eine Frage gewährt, wenn hierzu noch eine Frage entsteht.

Du sprachst von Fleisch, wie ist es mit Fisch?

Es betrifft alle tierischen Produkte, die getötet werden mussten. Ich sprach von Tötung. Der Akt der Tötung ist eine Gewalt, die ihr über die Nahrung zu euch nehmt.

Doch es sei euch eine weitere Möglichkeit gezeigt, wie ihr das Ganze abmildern könnt, wenn ihr noch nicht bereit seid, komplett auf tierische Nahrung zu verzichten. Energetisiert diese Nahrung, und die Zellen können sich harmonisieren und für euren Zellklang leichter aufgenommen werden. Das ist die Botschaft auf eure Frage.

Bitte erkläre uns Seele, Geist und Hohes Selbst.

Die Seele

Die Seele ist gebildet durch das Licht des Einen und hat ihren Daseinsanteil in den Generationsenergien der höchsten Abspaltungen in eurem seelischen Bereich. Eure Seele ist geschaffen von dem Einen als eine große Einheit in allem, und sie hat viele Male Abspaltungen erfahren, wie eine große Familie, und diese Abspaltungen haben wieder Abspaltungen formiert. Eure Seele ist aus der Familienabspaltung eurer Generationen ein Aspekt, ein kleiner Anteil eines größeren. Und als solches hat eure Seele für eure Generationsenergien mitzuwirken.

Der Ursprung aller Seelen ist der göttliche Aspekt des Einen. Nur hat eure Seele darüber hinaus noch eine Spezifizierung erfahren, um hier in eurem Menschenkörper, in einem Tierkörper oder aber in einer Pflanze oder in anderen Lebensformen existieren zu können. Doch zuvor benötigt die Seele eine Schulung, um in dem eingeschlossenen Raum im Herzbereich existieren zu können. So hat die Seele eine Generation und eine Aufgabe in ihrer Entwicklung. So viel zur Seele.

Der Geist

Euer Geist ist der höchste Aspekt direkt aus der Einheit des Einen, der einer Lebensform ermöglicht, begeistet zu werden, das heißt, mit Anbindung an die Geistige Welt zu denken und zu formulieren. Der Geist ist rein feinstofflich und bleibt im Körper bis ans Ende der Lebensform, bis die Seele diesen Körper verlässt.

Der Geist ist eine Einheit und in Verbindung mit der Seele immer in Kommunikation und in der Form der Entwicklung. Der

Geist hat die Fähigkeit, in der Liebe zu wirken und vom Licht geformt zu sein. Der Geist ist ebenfalls eine Einheit, die auch in der Schattenwelt existieren kann, und so gibt es auch auf der Erde Menschen, deren Geist umschattet ist. So hat der Geist Hell und Dunkel in sich, je nachdem, welcher Aspekt sich in der Lebensform inkarniert.

Das Hohe Selbst oder auch Höhere Selbst

Das Hohe Selbst ist rein in der Einheit. Es ist ein Bereich, in dem eure Anbindung zur Geistigen Welt wie eine Telefonleitung existiert. Das Hohe Selbst wirkt allein für euch, und nur für euch, in dieser Anbindung, es ist nicht verteilt auf mehrere Menschen. Pro Mensch, pro Lebensform, pro Lebenseinheit ein Geist.

Das Hohe Selbst ist die Anbindung an alle Informationen, die euch Menschen hier zur Verfügung gestellt werden dürfen. Alle Informationen, die ihr in eurem Leben in der derzeitigen Situation berechtigt seid zu erfahren, können über euer Höheres Selbst zu euch gelangen, und nicht weiter. Das Höhere Selbst hat auch nicht die Anbindung bis hin zu dem Einen, sondern die Anbindung zu allen Energieformen, die im unteren Bereich dem Einen dienen. So die Unterscheidung von Seele, Geist und Höherem Selbst.

Begleitet die Seele uns durch alle Inkarnationen oder ver-
ändert sie sich? Und wie verhält es sich bei unserem Schutz-
engel?

In früheren Zeiten, in denen Heftigkeiten und Aufträge nicht erledigt werden konnten, hattet ihr oft Aspekte der einzelnen Schutzengel und Seelenanteile, die euch begleiteten. Eine Seele inkarnierte, erfüllte ihren Auftrag, und nach Beendigung ging sie aus dem Körper zurück in die Geistige Welt. Je nach Grad der Verletzung, wenn die Seele einen heftigen Auftrag erfüllt hatte, konnte sie ihren Anteil in den Generationsenergien zurücklassen. Statt ihrer schickte die Generationsenergie einen anderen Seelenaspekt in die nächsten Lebewesen, damit diese den Auftrag erledigen konnten. Das bedeutet, dass nicht immer die gleichen Seelenformationen in die Lebewesen eindringen, sondern je nach Auftrag unterschiedliche Seelenaspekte der Generationsenergien in die Seelenhäuser Einzug halten.

Das ist ein Unterschied, doch die Energien und Absichten sind immer identisch und die Ursprungsenergie ebenfalls. So wird auch noch heute gewirkt.

Es gibt einen Unterschied zu eurem Schutzengel. Euer Schutzengel hat eure Seelen in den Inkarnationen lange Zeiten begleitet, bis in die Neue Zeit hinein. Oft waren es Aspekte der großen Erzengel, die als Hauptengel neben euren Seelen wirkten. Doch nun, in der Zeit der Veränderung, in der Zeit der feinstofflichen Aufstiegsmöglichkeiten, hat euer Schutzengel eine andere Aufgabe übernommen und dazu neue Engel für diesen Bereich angefordert. Diese Engel sind eure spirituellen Begleiter, die aufgefüllt wurden, damit eure Schutzengel ihre Aufgaben erweitern konnten.

So arbeitet ihr in Zukunft nicht nur mit eurem Schutzengel, sondern auch mit euren spirituellen Führern. Mit den Energien, die sich ebenfalls permanent um euch vermehren, denn sie sind spezialisiert für euch, um euch in einer gewissen Richtung Erleichterung in eure Entwicklung zu bringen. Nicht nur der reine Schutz, den ihr von eurem Schutzengel erhalten habt, ist jetzt das Höchste, sondern das gilt für alle Energien, die von den anderen Wesen um euch herum zu euch fließen dürfen, um euren Seelenauftrag und eure spirituelle Entwicklung schneller voranzutreiben. So ist es geplant, so war es in der Vergangenheit, und so wird es in der Zukunft wirken. Nehmt es in Demut an.

Was ist der Unterschied zwischen Seelenprojektion und Seelenanteil?

Ich kläre für euch die Begriffe. Der Seelenanteil ist der Anteil der Seele in Form der Generationsenergie, der in euren Körper eindringt und die Seele in eurem Körper wirken lassen kann.

Der Seelenaspekt ist ein Aspekt der Generationsenergien, ein Anteil eines großen gleichen Wirkens. Es ist ein Anteil von vielen gleichen Anteilen, die die Generationsenergie ausmachen. Viele Anteile eurer Generationsenergie können zur gleichen Zeit in unterschiedlichen Körpern mit unterschiedlichen Aufgaben inkarnieren. Solltet ihr einem solchen Anteil in einem anderen Lebewesen begegnen, werdet ihr es spüren und intuitiv wissen. In diesem Bereich sind direkte Liebe und Verständnis füreinander vorhanden.

Eine Seelenprojektion ist der Anteil der Seele in gleicher Einheit, zur gleichen Zeit an zwei verschiedenen Orten. Dies ist euch hier noch nicht bewusst erlaubt. Ihr habt noch nicht die Voraussetzung, um diese Seelenprojektion ohne Gefahr selbstständig zu gestalten. Eure Seele hat die Möglichkeit, während ihr schlaft, mit einem Anteil an anderen Orten gleichzeitig zu sein. Diese Seelenprojektion ist besonders bei Kindern gewünscht, deren Seelen noch geschult werden müssen. Bei einer Seelenprojektion bleibt ein Anteil der Seele in dem Körper, und die Seelenprojektion selbst geht in die Geistige Welt und wird dort geschult.

Das Medium, das euch gegenüber sitzt, hat diese Form der Schulung vor Jahren selbst erlebt. Wir haben sie für ihre Heilpraktiker-Prüfung geschult und ihr Wissen mitgegeben, das tief in ihrem Geist verankert ist. Jede Nacht haben wir die Seelenprojektion in die geistige Schulungswelt abgeholt, und so ist viel Wissen entstanden. Und je nachdem, welches Wissen benötigt wird oder aktiviert werden darf, kommt neues Wissen in den Geist hinein, beziehungsweise der Geist wird dafür geöffnet.

So ist Seelenprojektion die Teilung einer Seele für eine kurze Zeit, um dann wieder komplett in die Vereinigung zu gehen. Seelenaspekt ist die Teilung der Seelen für ein ganzes irdisches Leben aus dem universellen Bereich der Generationsenergien heraus in ein körperliches Dasein. Das ist der Unterschied.

Wann verlässt die Seele den Körper? Wie lange sollte man zum Beispiel nach dem Tod mit einer Einäscherung warten?

Die Seele verlässt den Körper, wenn der Seelenauftrag erfüllt ist. Das ist das Maß aller Dinge, die den Zeitpunkt bestimmen, wenn kein Unfall oder ein sonstiges Ereignis die Seele gewaltsam aus dem Körper treibt. Wenn die Seele den Körper verlassen hat, ist sie noch einige Zeit in der Nähe des Körpers, und erst wenn dieser Mutter Erde zugeführt wird, verlässt sie den Energiebereich des Lebewesens und begibt sich auf den Weg der Regeneration in Richtung ihrer Generationsenergien.

Ein Körper, der nicht Mutter Erde zugefügt wird, hat es sehr schwer, seine Seele loszulassen. Das ist wichtig für euch zu begreifen. Wenn ein Körper verbrannt werden soll, dann verbrennt ihn. In diesem Moment, in dem der Körper in die Verbrennung geht, kann die Seele gehen. In dem Moment, in dem ihr den Körper in einem Behältnis Mutter Erde zufügt, hat die Seele noch ein bis drei Tage die Möglichkeit, den Körper zu beobachten, bis Mutter Erde das Signal gibt, dass die Seele gehen darf.

Körper, denen das nicht gewährt wird, die zum Beispiel nicht gefunden werden, verschollen sind, sind so lange mit ihrer Seele verbunden, bis eine hilfreiche Energie sie zum Aufstieg anleitet. Das können liebevolle Gedanken und Gebete von nahestehenden Menschen sein.

Gedanken können aber auch eine Verhinderung darstellen. Gedanken von Familien, die die Verstorbenen in ihrer Trauer krampfhaft festhalten, verhindern, dass die Seele aufsteigen kann. Ihr seht, es gibt keine allgemeine Beantwortung. Doch im Vordergrund steht das gedankliche Loslassen der Hinterbliebenen, das gedankliche Loslassen des Umfelds bis hin zu einem Land oder einer Bevölkerung.

Noch etwas Wichtiges: Eine Seele, die in Hass von der Menschheit weiterverfolgt wird, kann niemals aufsteigen, und das Licht dieser Seele läuft Gefahr, zu verlöschen. Das ist das Schlimmste, was dem Schöpfer passieren kann, weil die Seele immer Licht ist. Der Schatten kann den Geist, der in diesem Menschen gelebt hat, umhüllen und Böses verantworten, aber niemals die Seele. Die Seele ist Licht pur, und wenn eine Seele ihr Licht aufgrund dessen auslöschen muss, weil sie in einem Körper inkarniert ist, der von Schatten begeistet war, ist das eins der schlimmsten Dinge, die passieren können.

Wenn ihr nicht in der Lage seid zu beerdigen, gebt ein geistiges Symbol zu dem Lebewesen und bittet dann die Geistige Welt, dass die Seele aufsteigen darf. Helft der Seele auf diese Art und Weise. Wenn die Seele aufgestiegen ist, gebt ihr bitte mindestens drei Monate Ruhezeit. Nach dem Aufstieg, der meistens am fünften Tag nach dem Herauslösen aus dem Körper stattfindet, geht die Seele in einen Regenerationsprozess, und in dieser Zeit solltet ihr den Kontakt meiden. Gönnt der Seele diesen Frieden, und nach drei Monaten, wenn ihr euch danach sehnt, Kontakt aufzunehmen, fragt vorher Metatron um Erlaubnis, ob ihr mit dieser Seele in Kontakt treten dürft. Metatron, der derzeit noch über euch herrscht und fürsorglich wirkt, wird euch weisen, was zu tun ist. So ist es gewünscht.

Was genau bedeutet der Begriff „beseelt"? Wer oder was kann alles beseelt sein?

Der Körper ist beseelt, eine Wesenheit ist beseelt, ein Lebewesen ist beseelt, Pflanzen sind beseelt. Überall dort, wo Leben existiert, ist die Voraussetzung, dass ein Seelenaspekt in diesen Körper, egal, welche Form er hat, eintreten durfte. Und wir aus der Geistigen Welt sind ebenfalls beseelt. Beseelung ist der Aspekt des Einen, der in diesem Lebewesen wirkt. Es ist beseelt. Ohne Beseelung keine Existenz.

Trifft das auch auf Retortenbabys und künstliche Befruchtung zu?

Das ist ein heikles Thema, das hier nicht allgemeingültig geklärt werden, aber doch soweit beantwortet werden kann, dass ein Retortenbaby, das lebend geboren wird, beseelt ist. Eine Seele ist in den Körper des Lebewesens eingezogen. Doch welche Seele das ist, das ist ein anderes Thema, weil die Seele, die sich hier kurzfristig entscheidet, den Körper zu beseelen, oft nur eine Helferseele ist. Aber auch dieses Baby ist dann beseelt.

Wie sieht die Geistige Welt eine Abtreibung, und gibt es dafür eine Verzeihungstechnik?

Eine Abtreibung ist sehr einschneidend, nicht nur für die Seele, denn diese erlangt durch die Abtreibung ihre Freiheit wieder und hat danach die Möglichkeit, nach kurzer Zeit wieder in einem anderen Körper zu inkarnieren. Doch das Lebewesen, das zurückbleibt und den Entschluss fassen muss, dieses Kind nicht auszutragen, benötigt Liebe. Dieses Lebewesen muss sich selbst verzeihen, es hat die höchsten Qualen zu ertragen, die sich ein Wesen selbst zufügen kann.

Geht nicht in die Verurteilung, im Gegenteil: Fürsorge steht hier im Vordergrund. Die Seele hat das wenigste Problem damit. Oft ist bei einer Abtreibung der Embryo noch nicht beseelt, der Zeitpunkt des Seeleneintritts ist immer wieder unbestimmt und zeitlich anders. Erst wenn ein Menschenkind geboren ist, kann man sicher sein, dass auch die Seele eingetreten ist. Deshalb seid hier in der Liebe und im Mitgefühl für das Menschenkind, das diese Abtreibung vornehmen muss.

Es braucht kein Mitleid in dem Sinne, sondern Halt und Fürsorge. Leitet es an, dass es sich selbst vertraut, sein Selbstbewusstsein sich entwickelt und es sich selbst verzeiht. Das sind Heftigkeiten, die in diesem Seelendasein gravierend eingebrannt werden. Die Seele leidet, und zwar die Seele des Menschenkindes, nicht die Seele, die sich wieder verabschieden darf.

Welches Bewusstsein muss vorhanden sein, damit Heilung wirklich geschehen kann?

Heilung entsteht nicht durch Bewusstsein, Heilung entsteht durch Liebe. Heilung entsteht durch Harmonie. Heilung entsteht durch das Mitspielen der Zellen und des körperlichen Seins, um eine Entwicklung ins Gute zu bringen. Das Bewusstsein steht hier nicht im Vordergrund. Ihr könnt bewusst mit gewissen Heilmethoden Heilung anrufen, doch ob die Heilung gewährt wird, obliegt allein der Geistigen Welt.

Wie ist es bei Tieren, wenn man ihnen Sterbehilfe leistet? Machen sich Tierärzte oder andere Helfer schuldig, indem sie Tieren das Leben verkürzen, beziehungsweise haben diese in ihrer nächsten Inkarnation ein härteres Schicksal?

Ein großer Aspekt in diesem Bereich ist die Erkenntnis, dass auch Tiere beseelt sind. Ihr Menschenkinder, die ihr in diesem Wissen lebt, macht die Kunde, dass der Seelenauftrag

217

das Höchste ist, und in der Situation, in der ein Tier leidet oder krank ist, ist eine Anrufung der Seele die Erlösung für das Tier. Wenn die Seele euch sagt, dass sie gehen darf, soll und möchte, dann ist hier die Hilfestellung erlaubt, um größeres Leid zu ersparen. Doch im Vordergrund steht der Wille der Seele, der erst erfragt werden sollte.

Ihr habt auf der Erde die Möglichkeit, euren Tieren sanft zu helfen, wenn der Zeitpunkt gekommen ist und die Seele noch nicht die Kraft hat, aus dem Körper zu gehen, weil die körperlichen Anteile noch zu stark sind. Dann ist es euch erlaubt zu helfen, wenn die Seele euch darum bittet, aber nur dann. Das ist so abgesegnet.

Ihr als Betreuer seid diejenigen, die für eure Tiere in Liebe entscheiden dürfen. Der Tierarzt ist in diesem Fall nur der Ausführer eures betreuenden Wirkens.

So ist auch kein Karma von Seiten eurer Tiere aufzubauen. Sie geben ihr Schicksal in eure Hände, die ihr doch die Betreuer eurer Tiere seid. Die Tiere selbst sind rein in ihrem Strahlen.

Wenn man dem zuwiderhandelt, würde dann wieder neues Karma entstehen oder eine neue Schuld? Wie geht man damit um?

Ihr handelt so, wie ihr in diesem Augenblick bestmöglich handeln könnt. Handelt immer in Liebe zu etwas, auch wenn sich im Nachhinein herausstellt, dass es nicht unbedingt der richtige Weg war. Im Vordergrund eurer Handlung ist die Liebe, und wenn ihr diesen Weg der Liebe beschreitet, könnt ihr niemals Karma aufbauen.

Gibt es im Hier und Jetzt schon eine Alternative zu Blut- oder Knochenmarkspenden?

Das Blut ist euch bekannt als belebende Energien, die den Körper durchfließen. Fremdes Blut bringt Fremdenergien hinein. Es gibt Möglichkeiten der Anregung, um das eigene Blut verstärkt produzieren zu lassen, doch derzeit sind diese noch sehr schmerzhaft für das Menschenkind oder das Lebewesen, das die Spende erhält.

Im Vordergrund stehen Vorsorge und Achtsamkeit, dass solche Situationen und Unfälle vermieden werden. Doch tritt der Fall eines hohen Blutverlusts ein, sind das Stoppen der Blutung und die Fremdhilfe erst einmal am Wichtigsten, damit das Lebewesen überleben kann.

Doch danach steht die Produktion des Eigenbluts im Vordergrund, dass diese verstärkt angeregt wird, und diese Möglichkeiten bestehen schon in eurem medizinischen Wissen.

Knochenmarkspende hat ebenfalls den Faktor des fremden, eindringenden Schwingungsfaktors, der dem Körper Rebellion bringt. Befragt hier im Vordergrund die Seele des Lebewesens, ob sie den Auftrag hat, zu gesunden. Ist das nicht de Fall, verabschiedet eure Absichten in Liebe. Wenn ja, geht den Weg der gesunden Zelle. Findet die Knochenmarkzelle im Körper, die voll in der Gesundung ist und lasst sie sich vermehren. Züchtet nach eurem Verständnis diese gesunde Zelle zu vielen gesunden Zellen, so lange, bis eine ausreichende Versorgung für das Lebewesen ermöglicht wird. Dann verabschiedet alle krankhaften Zellen im Körper und gebt die gesunden Zellen zurück zu dem Lebewesen. So habt ihr zum einen einer Fremdaggression des Körpers gegen die rückgeführten Zellen entgegengewirkt und zum anderen den Zellklang der Zellen des Lebewesens in Harmonie gebracht und erhalten. So ist eine vollkommene Gesundung möglich.

Wann ungefähr steht der Polsprung bevor? Können wir uns darauf vorbereiten?

Ich erkenne eure Gedanken und Ängste, doch vertraut, dass ihr nicht gefährdet seid, wenn dieser Polsprung kommt. Dieser findet statt, damit Mutter Erde ihren letzten Weg antreten kann. Der Polsprung wurde auch von dem Menschenkind hier schon angesprochen und gechannelt. Ja, der Polsprung wird in euren Zeiten noch kommen, er ist in der Vorbereitung.

Die Pole verschieben sich sehr stark. Schaut euch bitte euer Klima an, das viele mit anderen Überschriften beschreiben. Es ist keine Umweltbelastung, keine Naturkatastrophe, keine Klimaveränderung, sondern die Vorbereitung auf den Polsprung, den ihr miterleben könnt.

Doch bitte lasst eure Ängste los. Es ist dafür gesorgt, dass dieser Schlaf von Mutter Erde aus einer Kürze besteht, sodass ihr hier ohne Gefahr in eurem Körper verbleiben könnt. So ist es geplant, so wird es sein, und so werdet ihr es erleben, doch bitte ohne Ängste.

Die Zeiten vor und nach dem Polsprung bereiten euch Probleme. Eure Zellen sind ausgerichtet auf das Magnetfeld eurer Erde, und dieses Magnetfeld wird immer schwächer. So findet für viele Menschenkinder und andere Lebensformen diese Veränderung mit einer großen Heftigkeit statt.

Innere Unruhe, schlechter Schlaf, kribbelnde Haut, Schwindel, kurzfristiges Ohrpfeifen, Unzufriedenheit, Unausgeglichenheit, Streit und andere Ärgernisse treten verstärkt auf, da sich das Kraftfeld, das euer Magnetfelde aufbaut, immer mehr schwächt, bis hin zum Zusammenbruch, und eure Zellen darauf reagieren.

Also sind die Zeiten vor und nach dem Polsprung ein Chaos für eure Zellen. Achtet darauf und erkennt: Eure Zellen reagieren wie in der Pubertät und suchen nach Orientierung und neuen Werten. Die Orientierung wird nach dem Polsprung langsam wiederkommen, nur mit anderen Vorzeichen. Doch das ist ebenfalls eine Bedingung für den nächsten Aufstieg, der für euch ansteht. Seid in Freude und Zuversicht. Alles ist geplant.

Was bedeutet der Aufstieg in die Siebte Dimension? Ist es identisch mit dem Christusbewusstsein? Warum haben die Dimensionen ungerade Nummern?

Der Aufstieg in die Siebte Dimension ist der erste Schritt in die absolute Feinstofflichkeit des Seins, und in diesem Wirken seid ihr näher an dem Einen, als ihr es euch vorstellen könnt. Das Christusbewusstsein, das sich in euren Gedanken über 2000 Jahre manifestiert hat, ist die Energie einer Energieform, ein Seelenaspekt, der von dem Einen gebildet wurde, um euch die Botschaft zu übermitteln. In euren Gedanken und Worten wird es Christusbewusstsein genannt. Man könnte auch einen anderen Namen verwenden, doch erkennt, dass dieses Bewusstsein der reine Aspekt des Einen ist, der in dieser Dimension wirkt, und euer Christusbewusstsein ist ein Teil dieses Aspektes, aber nur ein Teil.

So ist der Aufstieg in die Siebte Dimension für euch die höchste Energieform, die ihr im körperlichen Sein erreichen könnt. Die weiteren Aufstiege sind nur in reiner Energieformation möglich, ohne euer körperliches Erleben. So viel zu der Energien der Siebten Dimension.

Die ungeraden Zahlen stehen für Helligkeit und Licht. Die geraden Zahlen stehen für Räume der Schattenwelt, die für diese Schatten zur Verfügung stehen, damit sie sich dort austoben können, ohne eine Gefahr darzustellen. Gleichfalls ist sie eine Welt für Seelen, die sich noch nicht getraut haben, zurück in ihre Generationsenergien zu fließen. Die Welt der geraden Zahlen gehört also zu einer Welt der Unordnung, die eine Ordnung erst einmal weben muss, damit keine Gefahr für die schon höhere Energie entstehen kann. So ist das Ganze aufgeteilt, von dem Einen bewusst gewollt, immer als Schutz für die nächst höhere Dimension.

Wir haben noch Fragen zu Schwingungsmustern und Heilung mit Tönen. Welche Töne gehören zu welchen Organen? Können wir mit den uns bereits zur Verfügung stehenden Möglichkeiten und Hilfsmitteln schon weiterhelfen, und wenn ja, wie?

Der Klang der Zelle ist ein Instrument, das den Zellen mitgegeben wurde, um sich untereinander verständigen zu können. Der Klang der Zelle vibriert in ihrem Bereich und in ihrem Umfeld. Für euch war es jetzt erst einmal im Vordergrund, überhaupt zu erfahren, dass jede Zelle ihren Klang und jede Gruppenzelle in Form eines Organs oder eines größeren Geflechts einen eigenen Zellklang hat. Auch die Stille hat unterschiedliche

Klänge. Doch diese werden euch bewusst noch verborgen bleiben, weil ihr sonst schon die Anbindung an die Heilmethoden der Siebten Dimension habt, zu der ihr derzeit noch nicht reif genug seid.

Was ihr für euch machen könnt, und das begrüßen wir voller Freude: Lasst den Klang, lasst die Musik in eure Gedanken kommen und bringt Musik in euren Körper, egal, in welcher Form. Ihr könnt singen, summen, Musik hören, Klänge auf euren Körper wirken lassen, und eure Organe werden reagieren.

Doch die Klangheilung in höchster Konzentration wird für euch noch eine Zeit lang im Verborgenen bleiben. Wenn ihr ein Organ habt, das geheilt werden soll und ihr möchtet mit dem Klang dieses Organ anstimmen, dann legt eure Hände an die Stelle des Organs und singt einen Ton, der euch in diesem Moment in euren Geist kommt. Lasst euch führen. Das ist schon Heilung der etwas höheren Form. Doch der richtige Zellklang mit der universellen Stimme ist euch derzeit noch versagt.

Aufruf von Amadeii

Ich möchte euch von mir aus noch etwas mit auf den Weg geben, ihr Menschenkinder. Ich spüre euer Ansinnen, ich spüre euer Wirken. Ich möchte, dass ihr in Zukunft lernt, eure Vernunft hintenanzustellen. Lasst euch leiten, ohne Wenn und Aber. Hört auf eure Intuition. Geht in euer Innerstes und lasst euch führen, ohne von eurer Vernunft beeinträchtigt zu werden. Euer Geist und eure Seele haben für euch die Wegbereitung übernommen. Eure Vernunft ist anerzogen und bringt euch oft Probleme auf dem Weg in die Veränderung.

Gebt Frieden in eure Vernunft und unterbindet sie für euch, wenn ihr merkt, ihr kommt in einen großen Bereich des Denkens. Lasst dieses Denken. Lasst es sich verabschieden, fühlt stattdessen in die Situation, und ihr werdet viel schneller für euch ein Wirken schaffen, das euch auf den Weg bringt, sei es in der Heilung, in der Weiterentwicklung eures Geistes oder in der Erfüllung eures Lebensauftrags. Geht in die Intuition und die Führung durch eure Seele und verabschiedet eure Vernunft.

Dies von mir zu euch. So wird die Zukunft für euch wirken dürfen. Geht in eure Intuition. Ansonsten seid ihr alle schon recht weit auf eurem Weg. Seid in Frieden. In dieser Situation der Demut möchte ich mich von euch verabschieden, und ich danke, dass ich hier für euch wirken, klären und die Energien fließen lassen durfte.

Und ich schicke meine Amadeii-Energie über euer Mandala in euren Körper hinein. Möge es durch euren ganzen Körper hindurchfließen und euch Klärung und Reinigung bringen. Und nochmals schicke ich meine Amadeii-Energie über euer Mandala in euren Körper hinein, lasst es wirken bis hinunter in eure Fußspitzen. Und ein letztes Mal fließen meine Amadeii-Energien über euer Mandala in euren ganzen Körper. Lasst kühle Transformationsenergie klären und reinigen, was bereit ist, geklärt und gereinigt zu werden. In diesem Wirken verabschiede ich mich und bedanke mich bei euch.

Halleluja.

Zwei ausgesuchte Live-Channelings mit Heilmeditationen

Eigenliebe

Seid gegrüßt, ihr Menschenkinder. Voller Freude und Demut erkennen wir euch hier. Ihr, die ihr das Licht des Einen seid. Wir sehen euer Strahlen und erkennen euer Wirken in diesem Sein, das oft in Liebe und Fürsorge für andere bestimmt ist.

Ihr habt alle eine Aufgabe, die euch gemeinsam betrifft, und diese Aufgabe ist ein Teil von euch, der euch auch manchmal in die Überforderung bringt, weil ihr euch bei eurem Wirken vergesst, hintenanstellt, anstatt für euch zu sorgen. Doch, ihr Erdenkinder, seid euch dessen bewusst und nehmt jetzt wahr: Ihr steht im Mittelpunkt allen Wirkens. Ihr seid der Mittelpunkt für euer Sein, und ihr allein seid Maßstab für das, was für und um euch herum passiert.

Geht ruhig in euer Vertrauen und in das Bewusstsein, dass ihr ein Recht darauf habt, für euch zu sorgen: Für euch zu sorgen in allen Bereichen: im körperlichen, im geistigen und im seelischen Bereich. Und so nennen wir euch das Thema, das ihr in der Neuen Zeit leben sollt: Selbstliebe.

Selbstliebe bedeutet, euch im Vordergrund zu sehen und eure Entwicklung zu planen und umzusetzen. Wann immer euch die Fürsorge zu anderen übermannt, fragt euch: „Bin ich in der Lage, diese Aufgabe auszuführen, ohne mich selbst zu vergessen und hintenanzustellen?" Denn nur dann, wenn ihr in eurer Stärke und in eurem Frieden seid, könnt ihr für andere wirken und auch für euch Energien freisetzen.

Energie freizusetzen ist wichtig für euer Strahlen, und nur die Energien, die ihr für euch bereitstellt und zulasst, sind so stark, um nach außen zu strahlen und zu wirken.

So hört auf unsere Worte und erkennt eure Wertigkeit in der Neuen Zeit an. Ihr habt alles Recht der Welt, euch auf der Skala der Wertigkeit an erste Stelle zu setzen. Ihr seid es wert. Ihr allein habt diesen Weg gewählt für Alles-was-ist und alles, was zu sein hat, und so seid ihr die Wertigkeit im Sein für euch und für den Einen.

Erlebt euren Geist in diesem Bereich, der euch belebt und euch auf den Weg in eure Anbindung und Entwicklung bringt. Euer Geist kann sich nur entfalten, wenn ihr eure Vernunft unter Kontrolle haltet. Euer Geist ist der dritte Anteil in eurer Einheit, so, wie es gewollt ist. Euer Verstand ist anerzogen. Und so bringt euren Verstand für euch unter Kontrolle und lasst nur das zu, was sich für euch fruchtend und entwickelnd ausbreiten kann.

Euer Geist ist Belebung, euer Geist ist der Weg durch den Einen auf eurer Erde. So lasst euren Geist sich für euch entwickeln und euch voller Vertrauen leiten, so, wie es gut für euch ist.

Jetzt zu eurem Körper. Euer Körper, der das seelische Haus nach außen strahlt, euer Körper, der eurem Geist und eurer Seele Raum bietet, in dem sich beide zu Hause fühlen. Lernt euren Körper zu würdigen, lernt ihn anzuerkennen als euren Raum hier auf der Erde. Erkennt die Wertigkeit und die Gesundheit eures Körpers, und auch die Sprache, die euer Körper nach außen hin symbolisiert. Denn über euren Körper nehmt ihr wahr, ob es euch gut geht. Über euren Körper bekommt ihr Zeichen, die euch mahnen, besser für euch zu sorgen. Über euren Körper bekommt ihr Hinweise, ob euer Weg in seiner Entwicklung der richtige ist, denn euer Körper hat das Bestreben, in Harmonie und Wohlgefühl zu leben. Und alles, was damit zusammenhängt, signalisiert euer Körper.

Es beginnt mit der Ernährung, die ihr eurem Körper zuführt. Gebt eurem Körper reichlich Wasser, damit sich alle Zellen in der Veränderung regenerieren und alles ausscheiden können, was nicht gut für den Zellbereich ist. Wasser ist wichtig und heilt von innen.

Weiterhin gebt eurem Körper reine, energetisch hochwertige Nahrung. Nahrung, die frisch zu euch den Weg findet und nicht schon mehrfach verarbeitet und somit verändert wurde. Sorgt für euch. Mit der Nahrung führt ihr eurem Körper Energie zu, und gleichzeitig ist Nahrung Heilung für euch. Gebt euch Heilung durch gut ausgewählte Nahrung, und euer Körper hat es leichter, für euch in die Gesundung zu kommen.

Meidet Noxen. Wir erkennen die Wertigkeit der Noxen bei euch. Es ist nicht gewünscht, dass ihr auf alles verzichtet. Doch versucht, alles zu reduzieren, was unter dem Begriff Noxen fällt. Alkohol gehört dazu, Zigaretten fallen in diesen Bereich, und auch Tabletten sind hochwertige Noxen, die euren Körper schädigen können. Wertet klug und mit Bedacht, was ihr benötigt. Und dann geht mit euch in den Rat und in die Verantwortung, welche Noxen ihr schon verlassen könnt und welche noch zu eurem Leben gehören.

Wir erkennen die Wertigkeit von Medikamenten, um euch Erleichterung und Hilfe zu bringen. Doch versucht gleichzeitig, auch einen alternativen Heilungsweg mitwirken zu lassen. Gerade in der jetzigen Zeit sind euch schon einige Heilalternativen möglich. Beschäftigt euch mit diesen Heilenergien der unterschiedlichsten Art, und ihr werdet große Hilfen zusätzlich finden, die euch Erleichterung bis hin zur Heilung bringen können.

Wir erkennen auch die Wertigkeit des Alkohols bei euch. Ein Glas Wein, bedacht getrunken, ist für euch oft Balsam für eure Psyche, für euer Wohlsein und Wohlgefühl. Und hier sagen wir: Euer Wohlgefühl wirkt zehnfach wertvoller als ein Verzicht auf ein wohlbedachtes Glas Wein. Seid euch dessen bewusst bei der Zuführung von Alkohol und erkennt die Wertigkeit. Doch ein Wohlgefühl ist wertvoll, wichtig und auch erwünscht.

Seht auch die Vergiftungen, die durch Rauch für euch entstehen können. Zigaretten, Zigarren und andere Inhalationsprodukte sorgen in eurem Körper für heftige Veränderung. Seid vorsichtig und bedacht im Umgang mit solchen Drogen, die Zigaretten darstellen. Geht sorgsam und bewusst damit um, denn alles, was ihr erkennt, alles, was in euer Bewusstsein eindringen darf, könnt ihr in der Wertigkeit verändern. Und Bewusstwerdung ist der erste Schritt in die Veränderung.

Erkennt auch die Wertigkeit eures Körpers für eure Seele. Ach, ihr Menschenkinder, wenn ihr doch euer Strahlen sehen könntet, das von euer Seele nach außen weit über euren Körper gestrahlt wird. Wir erkennen euer Licht, das über eure Seele als Erkennung nach außen wirken darf, und voller Freude sehen wir das Licht eurer Seele. Und wir grüßen jede einzelne Seele von euch und den Kernaspekt eurer Seele, in dem euer Weg und euer Auftrag manifestiert sind.

Ihr seid Licht, ihr seid Strahlen. Im Herzbereich befindet sich das Haus eurer Seele, also fügt eurer Seele nur positive Energien zu. Lasst eure Seele zu euch sprechen, erkennt die Aufgabe eurer Seele und somit auch euren Wirkungsbereich in diesem Leben. Eure Seele kennt euren Weg und euer Ziel. Eure Seele weiß, welchen Weg ihr zu gehen habt. Eure Seele liebt euch so, wie ihr seid, denn sie hat euch so ausgesucht, mit allem Wenn und Aber und mit allem, was ihr seid und was sich aus euch entwickeln wird.

Eure Seele ist strahlende Einheit des Einen und als Aspekt in eurem Körper verankert, so lange, bis ihr euren Weg gegangen seid. Eure Seele hat nicht die Erlaubnis, zu euch zu sprechen, wenn ihr diese Erlaubnis nicht gewährt. Und so möchte ich euch jetzt mit eurer Seele in Verbindung bringen, indem ihr eurer Seele erlaubt, in eurem Sinne euch all das zu signalisieren, was gut für euch ist.

Sagt eurer Seele:

„Ich erlaube dir, für mich zu wirken, ich erlaube dir, deutlich zu mir zu sprechen, und ich erlaube dir, für mich zu wirken, so, wie es gut für mich ist. Denn ich allein stehe in diesem Leben für mich im Vordergrund. Und ich allein darf so wirken, wie es gut für mich ist, solange ich einen anderen nicht beeinträchtige. Ich bin die Nummer 1 in diesem Leben, und mir ist es erlaubt, meine Eigenliebe so zu entwickeln, dass ich für mich im Vordergrund stehe. Ich habe das Recht, mich so zu lieben, wie ich bin. Ich habe das Recht, mich so zu entwickeln, wie es gut für mich ist. Ich bin wichtig. Ich bin wertvoll. Und meine Liebe zu mir darf sich ausbreiten und immer größer werden, so, wie es gut für mich ist. Dieses mein Strahlen wirkt dann nach außen zu den Menschen, und die Menschen haben über mein strahlendes Licht Anteil an den Energien, die ich nach außen sende. So ist es ein Zeichen, dass alles, was gut für mich ist, auch nach außen strahlt und gut für meine Mitmenschen ist. Und so ist zu erkennen, dass meine Eigenliebe das Höchste ist, was ich in Zukunft zu vermehren habe. Ich bin wertvoll. Ich habe das Recht, mich zu lieben, und ich habe das Recht, nach außen in Liebe zu strahlen."

Meditation: Liebesdreieck

Ich möchte mit euch eine Meditation für eure Eigenliebe machen, nur für euch und eure Entwicklung.

Ich möchte euch bitten, legt eure Hände auf euer Herzchakra und atmet tief ein und aus. Gebt Licht und Liebe in den Atem zu eurem Herzen und atmet Kummer und Leid bewusst aus. Atmet ein und aus und lasst Heilenergie über eure Hände in euren Herzbereich fließen.

Während ihr die wärmenden Energien spürt, kommt über euren Kopf eine große Heilkugel in den Farben Rosa und Grün und fliegt zu eurem Mandala. Sie geht in euren Körper hinein und fliegt zu eurer Seele im Herzbereich. Spürt, wie diese Energie euer Herz weitet und stärkt, auf dass ihr immer kraftvoller und liebevoller in diesem Bereich werdet. Lasst die Energie in eurem Herzbereich wirken. Nur für euch, nur für eure Seele.

Nun zieht diese Energie zu eurer rechten Brust und lasst sie dort wirken. Das ist der Bereich eurer Eigenliebe, die wir stärken, die wir wachsen lassen wollen. Lasst diese Energie in eure rechte Brust fließen und wirken. Vielleicht könnt ihr ein Kribbeln spüren oder Wärme, die diesen Bereich für euch klärt, reinigt und vermehrt. Heilung für eure Eigenliebe, nur für euch, so soll es sein.

Nun wandert mit euren Händen zu dem Bereich unterhalb eures Bauchnabels und zieht die Energie der Kugel in diesen Bereich. Lasst euch dort vermehrt auf die Energien ein, lasst sie wirken und stark werden, damit sie dort, in dem Bereich eures energetischen Zentrums, für euer Sein, für euren Körper, für euer ICH BIN wirken. Lasst die Energien dort größer werden. Ihr habt alles Recht dazu, nur für euch.

Nun wandert mit euren Händen hoch zu eurer linken Brust. Hier habt ihr das Zentrum für die allgemeine Liebe, für die Liebe zu allem. Auch diese Liebe darf vermehrt werden. Ihr zieht die Energie des Energieballs hoch zu eurer linken Brustseite und lasst auch dort die allgemeine Liebe sich für euch vermehren und sich stärken.

Erkennt, dass wir ein energetisches Dreieck aufgebaut haben, von der Mitte eurer Seele zur rechten Seite, dem Zentrum eurer Eigenliebe, runter zum Zentrum eures Seins und wieder hoch zum Bereich eurer allgemeinen Liebe. Lasst die Energien in diesem Dreieck energetisch bei euch wirken. Von der linken Brustseite zur Seele, hin zur rechten Brustseite, runter zu eurem Zentrum des ICH BIN und wieder hoch zur linken Brustseite und zu eurem Herzbereich. Lasst die Energien dort fließen.

Während die Energien in diesem Dreieck für euch fließen, bildet sich aus diesem Dreieck eine Pyramide zu eurem Zentrum, von eurem Bauchnabel nach außen. Dieser Bereich ist die Anbindung an eure Generationsenergien, zu eurem Sein außerhalb eures Körpers. Lasst geschehen, was an der Spitze dieser Pyramide nun für euch empfangen werden darf. Spürt die Energien, die dort hinfließen und zu eurem energetischen Dreieck für euch wirken dürfen. In der Anbindung an die Geistige Welt und an den Einen.

Während dies bei euch wirkt, erkennt die Bilder, die sich für euch nun deutlich machen und eine Information darstellen. Seht, was ihr sehen dürft. Es ist eine Information für euch aus der Geistigen Welt, ein Geschenk nur für euch.

Während die Pyramide die Energien zu euch leitet, die ihr für eure Selbstliebe und euren Weg benötigt, kommt meine Amadeii-Energie von oben über euer Mandala in euren Körper hinein. Sie fließt über euer Mandala in euren Kopf, hin zu euren Schultern und Armen, über euren Oberkörper und Unterkörper in eure Beine. Und noch einmal fließt meine Amadei-Energie über euer Mandala in euren Körper bis tief in die Fußspitzen.

Spürt meine klärenden, kristallinen Energien, die für euch hier eine Veränderung bewirken. Und noch einmal spürt meine Amadeii-Energie über euren Kopf in euren Körper fließen, um für euch zu wirken und zu transformieren, was bereit ist, transformiert zu werden.

Habt keine Angst, wenn es euch in der Kühle schaudert, nehmt sie liebevoll an und zieht diese Energie jetzt auch in das Energiefeld des energetischen Liebesdreiecks. Lasst meine Energien von der Seele zu eurer rechten Brust der Eigenliebe wirken, zu eurem Pult eures Seins, hoch zu eurer linken Brust und wieder mittig zu eurer Seele. Lasst dieses energetische Dreieck der Klärung für euch wirken, damit für euch all die Gedanken „Ich bin es nicht wert, ich bin es nicht würdig, ich darf mich nicht selbst lieben", dass sich diese Gedanken für euch zur Wahrheit transformieren.

- *„Ich darf mich selbst lieben, ich darf so sein, wie ich bin, und so, wie ich bin, ist es gut."*
- *„Ich darf mich in der Selbstliebe entwickeln, ich darf mich selbst so annehmen, wie ich bin."*

Seht euch die Farbe der Pyramide an. Seht, wie sie sich verändert. Das ist eure Farbe der Zukunft. Seht euch diese Farbe an, und wenn es für euch stimmig ist, kleidet euch mit dieser Farbe, denn sie wird euch diese Energie, die nun bei euch manifestiert ist, weiter strahlend in euer Bewusstsein bringen und für euch wirken lassen. So darf es für euch sein.

Meine Energiekugel, die sich in eurem Liebesdreieck mani-festiert hat, verabschiedet sich aus eurem Körper. Sie geht über euren Kopf wieder hoch ins Universum. Die energetische Pyra-mide faltet sich zusammen und legt sich auf euren Körper, um dort für euch weiter zu wirken.

Als Abschluss schicke ich noch einmal meine Amadeii-Ener-gie über euren Kopf in euren Körper, um noch ein letztes Mal Transformation und Klärung zu euch zu bringen. Wann immer ihr in der Zukunft Klärung benötigt, erinnert euch an diese Situ-ation, ruft meinen Namen, und ich stehe euch hilfreich zur Ver-fügung.

Nun atmet bewusst ein und aus. Atmet euch ganz bewusst ins Hier und Jetzt. Seid wieder ganz bewusst in eurem Körper. Ich bedanke mich bei euch, dass ich zu euch sprechen durfte, und verabschiede mich mit meinem Gruß

Halleluja.

Zuversicht und Vertrauen, der Weg zum inneren Frieden

Liebe zu euch, ihr Kinder der Liebe und des Lichts, Frieden, Zuversicht und Vertrauen. Etwas, das bei euch oft nicht mehr so gelebt werden kann, weil ihr immer wieder in die Enttäuschung kommt. Frieden und Vertrauen sind gerade heute so wichtig für euch, und das möchte ich euch bewusst machen.

Frieden in eurem Herzen ist ein wichtiger und wertvoller Bestandteil für euch, eure Seele und euren Geist. Wenn ihr im Frieden seid, in der Einigkeit zu euch, wird die Harmonie in euch leben. Die Harmonie führt euch auf den richtigen Weg, den Weg zu eurem inneren Strahlen. Und ich sage euch: Der Weg zu eurem inneren Strahlen ist eure Aufgabe, und diese zu finden und zu leben steht für euch im Vordergrund.

Frieden bedeutet innere Ruhe. Heilung in eurem innersten Bereich, so, wie es gerade richtig für euch ist. Wenn ihr euren inneren Frieden erfahrt, werdet ihr ebenfalls bemerken, dass ihr diesen Frieden nach außen strahlen könnt. Und so ist der Frieden für euch das Wertvollste, was ihr in diesem Leben leben und erleben könnt. Ein Mensch, der für sich im Frieden lebt, ist mit allem im Reinen, und das ist ein wichtiger Aspekt. Erkennt euer Handeln, eure Taten und all die Muster, die euch in euren Unfrieden bringen. Erkennt ebenfalls, was es bedeutet, diese Muster als ewiges Gleiches zu sehen. Denn diese Muster werden geführt und von euch gesteuert, von eurer Umgebung gefordert und von dem Bereich, in dem ihr lebt, immer wieder neu initiiert.

Ihr seid für den Frieden verantwortlich, der in eurem Inneren wirkt und den ihr nach außen strahlt. Wenn ihr sagt: Was ist mit dem Frieden, mit der Unruhe auf der Welt, warum geschehen all die schrecklichen Dinge, dann rufe ich euch auf: Erkennt, dass der erste Weg der Veränderung der zu eurem eigenen Frieden ist. Wenn ihr diesen Frieden gefunden habt, kann dieser zu Mutter Erde strahlen und von dort weiterfließen in andere Länder und Regionen, wo er benötigt wird.

Ihr seid das Barometer, das ausschlägt und verändert, ihr seid der Maßstab für den Frieden in der Welt. Wenn ihr im Frieden lebt, wird sich dieser Frieden weiter ausbreiten dürfen, weiter und stärker. Wichtig dabei ist, dass ihr erkennt, dass ihr zwar ein kleines Teil in dem riesigen Universum seid, doch sehr wertvoll in eurem Wirken. Ihr seid das kleine Universum, und dieses ist ein Teil des Ganzen und gespeist von dem Einen.

Nur das Licht des Einen hat ein jeder von euch in seinem Herzen. Dieses Licht ist das Strahlen, das Licht des Einen, das in euch wirkt und eure Seele in die Behütung bringt. Jedes Menschenkind, das in dem göttlichen Strahl lebt, ist behütet in seinem Sein. Und so sage ich euch: Vertraut auf euch. Ihr seid ein Anteil des Einen. Ihr habt den Aspekt des Schöpfers in euch und die Aufgabe, das Licht, das in euch brennt, strahlen, sich entwickeln zu lassen, damit nicht nur ihr euren Weg gehen könnt, sondern durch euer Strahlen auch die anderen Menschenkinder ihren Weg finden können.

Ein wichtiger Aspekt in diesem Bereich ist der des Vertrauens. Oft fragt ihr euch: Bin ich wirklich so wertvoll, habe ich wirklich das Licht des Einen in mir, bin ich von diesem Licht umhüllt, habe ich eine Aufgabe, oder ist mein Weg ein Irrweg? Warum habe ich Zweifel? Warum wehre ich mich oder stelle so vieles infrage?

Eure Zweifel sind ein Produkt eurer Umgebung auf der

Erde. Hier walten die Polarität und die Dualität. Es ist beides vorhanden: hell und dunkel, oben und unten, innen und außen. Und im Rahmen dieser Unterschiede, die zu gleichen Zeiten bei euch wirken, hat einmal die eine Energie die größere Kraft, und manchmal die andere, und in der nächsten Minute kann sich alles umkehren.

Ihr seid diejenigen, die diese Umkehrung möglich machen, ihr seid diejenigen, die hier die Entscheidungen treffen dürfen. Denn ihr seid Menschenkinder, und euch ist der freie Wille mitgegeben in der Entfaltung eurer Persönlichkeit. Ihr könnt sagen, welcher Weg der richtige für euch ist. Und am Ende des Weges, an der Wegkreuzung, stellt sich euch die Frage, ob ihr den richtigen Weg eingeschlagen habt. Und wann immer ihr zu der Entscheidung kommt, dass es der falsche Weg war, dann sage ich euch: Auch dieses war ein richtiger Weg, weil ihr durch diesen Umweg Erfahrungen habt sammeln dürfen, und Erfahrungen sind sehr wertvoll in ihrem Wirken.

Es gibt also keinen richtigen Weg, sondern den direkten Weg und den Umweg. Ihr werdet erkennen, dass ihr immer in Liebe geführt werdet. Und dieses Geführt-Werden auf eurem Weg bedeutet Vertrauen. Ich sage euch: Egal, wie heftig eure Erfahrungen und Verletzungen der Vergangenheit waren, dieser Weg hatte seinen Grund. Vertraut, dass auch für euch wieder bessere Zeiten und Wege mit anderen Aufgaben kommen werden. Vertraut darauf, dass wir euch begleiten und nicht fallenlassen.

Dass ihr trotzdem aber auch leidvolle Erfahrungen machen müsst, gehört zu eurem Lebensplan, den ihr euch selbst festgelegt habt. Ihr beziehungsweise eure Seele habt euch diesen Weg in der Geistigen Welt in der Verbindung zu eurer Seele selbst ausgesucht. Und wenn ihr hier auf Erden merkt, dass euer Weg zu heftig, zu beschwerlich ist, dann bittet die Geistige Welt um Umwandlung und Erleichterung eures Wegs, denn die Geistige Welt, alle Engel und Schutzengel und auch die Energien eurer Seele, sind allezeit um euer Wohl besorgt. Und so ist es der Geistigen Welt erlaubt, sich in euren Lebensplan einzuschalten und Abhilfe zu schaffen.

Das bedeutet nicht, dass ein Mensch, der kein Geld mehr hat, plötzlich einen Geldsegen bekommt oder im Lotto gewinnt. Aber er bekommt zum Beispiel eine neue Arbeitsstelle. Das ist auch ein wichtiger Aspekt, den ihr bitte in euer vertrautes Denken mit aufnehmt. Es ist nicht so, dass die Geistige Welt alle eure Wünsche erfüllt. Sie hat aber die Aufgabe, euer Leid zu lindern, damit ihr es ertragen und für euch einen Lösungsweg finden könnt, der leichter ist und trotzdem eurem Seelenplan entspricht.

So wirkt die Geistige Welt bei euch, und trotzdem ist es euch immer wieder erlaubt, sie um Hilfe zu bitten. Die Hilfe wird euch gewährt, doch die Form der Hilfe wird von euch nicht immer direkt erkannt. Darum sage ich euch: Schaut bewusst hin, erkennt eure Chancen, eure Möglichkeiten, damit ihr nicht durch euer blindes Gehen in die Verzweiflung kommt, denn Abmilderung eurer Zweifel bedeutet Erkennen, wie ihr euren Weg gehen könnt, um euren Auftrag zu erfüllen.

Vertraut, dass euch zur rechten Zeit ein Zeichen gesetzt wird, damit ihr erkennen könnt, wo euer Weg entlanggeht und wo ihr bei euch in die Veränderung gehen müsst, könnt oder dürft, damit dieser Weg strahlen kann. Ihr seid Strahlen des Einen, und so ist das Strahlen für euch sehr wichtig. Erkennt euer Strahlen und setzt dieses in eurem Körper so ein, dass es sich ausdehnt und in eure Umgebung strahlt und wirkt.

Ihr habt mehr für die Krisenherde in dieser Welt getan, als ihr es euch vorstellen könnt, denn in diesen Krisenherden, die derzeit die Erde erschüttern, herrscht massiv die Polarität, die Dunkelheit. Was dort fehlt, ist das Licht, also lasst euer Licht strahlen. Dieses Licht kann zu Mutter Erde fließen und von dort aus zu den Krisenherden, die es benötigen, damit auch dort ein Umbruch stattfinden kann und die Menschen erkennen, dass sie einen Anteil des Lichts des Einen in sich tragen. Auf dass sie sich hinwenden zum Licht und die Geschicke der anderen so mit beeinflussen.

Nur derjenige, der bereit ist zu kämpfen, bringt Leid. Derjenige, der NEIN sagt, der sagt: Ich wandele in meinem Licht, ich will mein Leben im Licht erstrahlen lassen, damit es meiner Seele und mir gut geht, verändert sich und bringt das Strahlen in die Welt. Derjenige, der sagt: Ich lasse keinen Kampf zu, sondern mein Licht strahlen, ist der größte Kämpfer und Streiter auf der Erde, auf dem Weg ins Licht zu dem Einen. Das ist eure Aufgabe: im Licht zu erstrahlen.

Erkennt bitte euer Leid als Steinchen auf eurem Weg in euer Strahlen, weil durch die Steine, die Hürden, die euch in den Weg gelegt werden, seid ihr erst in der Lage zu erkennen, welche Aufgabe ihr in diesem Leben habt und wie ihr in die Veränderung gehen könnt.

Und so rufe ich euch noch einmal in Liebe auf:

Werdet euch bewusst, wer ihr seid, werdet euch bewusst, wie ihr seid, werdet euch bewusst, welchen Weg ihr hier zu beschreiten habt, und geht in die Veränderung. Ihr habt den Auftrag, euch zu verändern, egal, welches Lebensalter ihr habt. Ihr habt den Auftrag für euch, für eure Familie, für eure Umgebung, für die Natur, für alles, was mit euch in Berührung kommt. Ihr habt hier den Auftrag, das ist euer Weg. Und so seid ihr heute hierhergeführt worden, um für euch zu erkennen, wie euer Wirken in der Neuen Zeit sein darf und in die Veränderung zu gehen hat.

Ihr seid ein Teil dieser Neuen Zeit, ihr seid ein Teil für die Neue Zeit. Indem ihr euer Licht erstrahlen lasst, beleuchtet ihr die Neue Zeit und ihre Veränderungen. Ihr seid wertvoll in eurem Wirken, in eurem Sein, in eurem Strahlen. Und so möchte ich euch bitten, dass ihr euch bewusst werdet, wer und was ihr wirklich seid und wie ihr euer Sein in die Veränderung, in die Neue Zeit bringen könnt.

Ihr könnt durch euer Wollen und euer positives, gedankliches Verändern eures Umfelds für die Neue Zeit wirken. Ihr seid Veränderung, ihr seid bewusstes Verändern eurer Vernunft. Eure Vernunft versucht, euch zu manipulieren. Eure Vernunft ist im Wettstreit mit eurem Geist und hat oft das Zepter in die Hand genommen und euch auf Irrwege gebracht, weil ihr nicht erkannt habt, dass euer Handeln ein anerzogenes war, das euch von euren Eltern und zum Beispiel der Schule mitgegeben wurde. Es ist anerzogen und nicht von der Geistigen Welt durch euren Geist beseelt. Eure Vernunft ist der verleitende Faktor in eurem Leben. In dem Augenblick, in dem ihr erkennt, dass eure Vernunft euch manipuliert, seid ihr in eurem Bewusstsein und eurer Entwicklung einen riesigen Schritt weitergekommen.

Ein nächster Schritt wäre, dass ihr eurem Geist, der positiv für euch wirkt, die Erlaubnis gebt, für euch bewusster euer Leben zu führen und eure Vernunft kleiner zu halten. Nun fragt ihr euch: Wie spüre ich denn meinen Geist, weil meine Vernunft ist mir vertraut? Euren Geist spürt ihr über eure Seele im Raum eurer Intuition. Der erste Gedanke am Morgen ist der richtige. Der nächste mit den Worten: Ja, aber..., ist eure Vernunft, die euch ins Wanken bringen möchte.

Lebt in der Leichtigkeit und habt den Mut zu sagen: „Ich möchte nicht mehr von meiner Vernunft manipuliert werden. Ich möchte mich so entwickeln, wie es gut für mich ist. Ich möchte so sein, wie ich bin, ohne Wenn und Aber. Ich möchte mich entwickeln für meine Seele, für meinen Geist, komplett für mich, nur für mich, und meine Vernunft hat hier keine Wirkung mehr für mich. Ich vertraue darauf, dass meine Seele weiß, was gut für mich ist. Ich vertraue darauf, dass mein Geist der richtige Antrieb für meine Handlung ist. Ich vertraue darauf, dass ich auf den richtigen Weg geführt werde, damit ich in die Fülle und ins Licht komme. Ich vertraue, und in diesem Vertrauen gebe ich der Geistigen Welt, meiner Seele und meinem Geist die Erlaubnis, für mich zu wirken, und so soll es sein."

So ist meine Botschaft an euch:

Kommt in euer Vertrauen, damit ihr in eurem Vertrauen leben könnt, so, wie es gut für euch ist, und als Nächstes habt ihr die Möglichkeit, in euer Licht und euer Strahlen zu kommen. In diesem Strahlen wird euer Leben leichter, und ihr werdet die Menschen anziehen, die ebenfalls gut für euch sind. Vertraut, ihr Menschenkinder, vertraut und aktiviert euer Strahlen so, wie es für euch gut ist.

In diesem Sinne möchte ich euch nun bitten, in Form einer Meditation in dieses Strahlen zu kommen.

Licht-Meditation zur Reinigung und Zellaktivierung von Körper, Geist und Seele

Ihr habt das Recht, euer Strahlen zu erleben, ihr seid Strahlen und pure Energie. Dieses werde ich in der nachfolgenden Meditation mit euch wieder aktivieren.

Ich möchte euch bitten, tief ein- und auszuatmen, tief ein und aus. Atmet das Licht des Strahlens in euren Körper, lasst alle Zellen daran partizipieren. Beim Ausatmen lasst alles aus eurem Körper herausfließen, was nicht gut für euch ist. Atmet weiter ein und aus, ein und aus. Wie eine Welle kommt das Licht zu euch, und wie eine Welle gebt ihr das, was in eurem Körper nichts zu suchen hat, hinaus. Während euer Atem wie eine Welle zu euch kommt und wieder von euch geht, kommt über euch eine Lichtpyramide, die über euren Körper fließt und ihn komplett einhüllt.

Diese Pyramide ist euer Schutzraum, den ihr braucht, um euer Vertrauen aufzubauen. In diesem Bereich seid ihr sicher und geschützt und könnt euch ganz einlassen auf das, was jetzt mit euch zum Aufbau eures Vertrauens geschieht. Ich schicke meine Amadeii-Energie über die Spitze der Pyramide in den Pyramidenraum hinein. Meine Amadeii-Energie fließt in euren Körper, hin zu jeder einzelnen Zelle und wirkt und verändert für euch. Und noch einmal fließt meine Amadeii-Energie über die Pyramide in euren Raum und bringt die ersten energetischen Veränderungen und Ausrichtungen eurer Zellen zu euch, so, wie es für euch im Augenblick richtig ist und ihr es verkraften könnt.

Während meine Energie bei euch wirkt, erscheint vor euch im Außenbereich der Pyramide in Höhe eures Solarplexus, das ist der Bereich eurer Emotion oberhalb eures Bauchnabels, eine Energiekugel. Diese dockt an die Pyramide an und tritt in Verbindung zu eurem sicheren Raum, den Raum eures Vertrauens. Nun öffnet sich die Energiekugel für euch und fließt in vielen kleinen energetischen Lichtern durch eine Röhre zu eurem Solarplexus. Euer Solarplexus hat die Erlaubnis, sich zu öffnen. Alle Verletzungen, die sich in diesem Bereich für euch angesiedelt haben, haben die Erlaubnis, sich aus eurem körperlichen Dasein zu lösen und hinauszustrahlen, die Röhre entlang zu diesem Energiekörper.

Lasst es zu. Denkt an eine Verletzung in der Vergangenheit, die euch noch heute sehr wehtut. Geht gedanklich in diese Verletzung hinein, spürt sie, und dann lasst meine Amadeii-Energie in sie hineinfließen und sie mit Transformationsenergie umhüllen. Lasst zu, dass hier eine Veränderung stattfinden, dass diese Verletzung sich aus eurem körperlichen Sein herausbegeben darf. Atmet einmal kräftig ein und aus und gebt die Verletzung hinaus in die Röhre, hin zu der Energiekugel. Sie darf zu eurem Wohl aus euch herausfließen. Sie hat bei euch nichts mehr zu suchen. Und noch einmal tief ein- und ausatmen. Gebt heraus, was verabschiedet werden darf, so, wie es gut für euch ist, denn ihr habt das Recht, alles, was euch verletzt hat, jetzt aus euch auszuatmen, nur für euch. Wiederholt es noch einmal.

Während ihr die Verletzung verabschiedet, schicke ich noch einmal über die Pyramidenspitze meine Amadeii-Energie in die Pyramide gezielt an den Ort der Verletzung. Spürt meine klärende Energie. Lasst es zu, damit ihr in eure Heilung kommt. Wenn die Heilung stattgefunden hat, schließe ich für euch die Verbindung zu dieser energetischen Energiekugel, damit sich nichts mehr rückbilden kann. Die Röhre zieht sich zurück in die energetische

Kugel und verlässt die Pyramide. Während die Energiekugel nun draußen verweilt, schaut sie euch an. Sie ist nicht mehr strahlend, sondern hat sich in ihrer Farbe verändert. Sie hat die Verletzung von euch aufgenommen. Sie hat sich für euch zur Verfügung gestellt, diese Verletzung aus euch herauszuziehen und in sich aufzunehmen. Während ihr eure Energiekugel betrachtet, schicke ich meine Amadeii-Energie in diese Energiekugel mit der Bitte um Transformation der Verletzungen.

Schickt bitte gedanklich ein Dankeschön in diese Energiekugel. Lasst liebevolle Gedanken in diese Kugel fließen, damit sie sich wieder in strahlendes Licht umwandeln darf und kann. Meine Amadeii-Energie transformiert noch einmal die Energiekugel. Eure Verletzung war schwer, doch ihr habt es geschafft. Und so kann sich diese Energiekugel erheben, sich von euch verabschieden und wieder hoch in die Geistige Welt fließen, um dort Erholung und Transformation zu erfahren. So ist es gut, und es ist für euch geschehen, wie es richtig ist.

Ein weiteres Mal bitte ich darum, aus der Geistigen Welt eine Energieform zu euch schweben zu lassen, ebenfalls in einer kleinen Pyramidenform. Diese energetische Pyramidenform stoppt an eurem Kopfbereich in Höhe eurer Pyramide und dockt sich an diese an. Die Pyramide steht für die Geistige Welt und ist die Heimat eures Geistes. Nun wird eine Verbindung hergestellt von dieser Pyramide in euren Pyramidenraum, der euch nach wie vor für Schutz und Vertrauen zur Verfügung steht.

Die Pyramide entsendet viele kleine Lichtpunkte, die in euren Kopf fließen und dort eine Aktivierung eures Geistes bewirken. Euer Geist wird gestärkt und belebt. Ihr spürt ein Kribbeln in eurem Kopf. Eure Hirnzellen freuen sich über die Stimulierung. Sie werden wieder belebt mit neuem Geist, mit neuem Impuls, wie eine Frischzellenkur. Lasst es zu, lasst es wirken. Lasst es nur für euren Geist geschehen. Spürt ihr in eurem Kopf diese Veränderung, dieses Kribbeln? Die Energien aktivieren bei euch, was lange vergessen wurde und ihr lange nicht mehr gelebt habt, sodass euer Geist jetzt wieder in seine Ursprungskraft kommt und für euch besser wirken kann.

Spürt das Kribbeln in eurem Kopf, von der Spitze der Pyramide bis in euren Geist. Spürt, dass ihr wieder ganz in eurer Kapazität seid und sich eure Gehirnzellen auf die Energien der Neuen Zeit einstellen, damit ihr bewusster werdet in eurem Wirken und Sein. Solltet ihr einen Kopfdruck spüren, hat das damit zu tun, dass eure Zellen wieder erwachen und sich wieder bewusst einen Raum in eurem Kopf erschaffen. Sie sind wieder belebt. Sie leben und wirken wieder für euch. So ist es gewollt, denn ihr seid Kinder der Neuen Zeit. Ihr habt alle Fähigkeiten für die Neue Zeit, und nun ist alles so für euch aktiviert, dass ihr es in Zukunft so erfassen könnt, wie es gut für euch ist. Die kleinen Energiekügelchen fließen zu allen euren Zellen in eurem Kopfbereich und wirken noch einmal.

Nun wandern sie von eurem Kopf in euren Halsbereich hinunter und fließen weiter in euren Rücken und in eure Arme. Alle Zellen in diesen Bereichen werden wieder belebt und aktiviert. Spürt ein Kribbeln in euren Händen, auch eure Hände werden wieder in alte Zellfunktionen gebracht und aktiviert, geheilt, erneuert.

Und weiter wandern die energetischen Kügelchen in euren Körper hinein. Jetzt fließen sie in euren Oberkörper, in euren Unterkörper, in euren Hüftbereich. Lasst sie in eurem Hüftbereich noch einmal verstärkt wirken, da dies der Bereich ist, der von euch am meisten belastet wird durch eure Bewegung und alle *eure Emotionen, die sich bei euch in diesem Bereich manifestieren. Spürt, wie die Energiekügelchen voller Freude alle eure Zellen aktivieren und diese wieder beleben. Spürt. Seid wieder ihr, so, wie ihr im Auftrag des Einen geschaffen wurdet.*

Lasst die Energiekügelchen eure Beine hinunterwandern bis hin zu euren Füßen. Lasst sie bis dorthin fließen und dort wirken. Euer ganzer Körper ist voller Energie und Veränderung, da alle eure Zellen nun auf die Heilenergien der Neuen Zeit ausgerichtet sind. Lasst es geschehen, weil es gut für euch ist. Nur für euch, nur für euch. Ihr seid es wert, erneuert zu werden. Ihr seid es wert, geheilt zu werden. Ihr seid es wert.

Nun fließen die Energiekügelchen wieder hoch zu eurem Geist und lassen dort noch einmal euren Geist mit diesen Energien verschmelzen, damit euer Geist sich beleben kann für die nächsten Jahre, die für euch wichtig sind, sodass ihr in Zukunft euer Leben hin in die Neue Zeit verändern könnt.

Die Energiekugeln begeben sich aus eurem Geist und aus eurem Kopf hinaus und fließen wieder durch den schützenden Pyramidenraum zu der kleineren Pyramide, die dort angedockt ist. Die Energiekugeln fließen in die kleine Pyramide hinein. Schaut euch diese Pyramide nun an, auch sie hat sich verändert und fängt an zu rotieren. Sie dreht sich um ihre Achse, damit die Energien wieder gereinigt werden können. Diese Reinigung ist notwendig, da die Energiekugeln für euch gewirkt haben. Bedankt euch bitte bei der Energiepyramide mit ihren Energiekugeln für ihr Wirken. Bedankt euch, dass sie für euch aktiviert und verändert hat.

Die Energiepyramide verabschiedet sich in dem Bewusstsein, einen Heilungsprozess in euren Zellen aktiviert zu haben. Sie fliegt jetzt durch diesen Raum wieder hoch ins Universum, um sich dort wieder energetisch aufzuladen, damit sie später in anderen Situationen wirken kann.

So ist es für euren Geist geschehen. Und nun kommen wir zu dem freudigsten Ereignis. Ich bitte die Geistige Welt, einen weiteren Energiekörper in diesen Raum zu schicken, einen Energiekörper in Form eines Lichts. Ein lichtvolles Wesen stellt sich vor euch. Spürt die Energie dieses Energiewesens, das euch komplett umhüllt. Dieses Energiewesen ist der Schutz eurer Seele und möchte mit eurer Seele in Kontakt kommen, um ihr ebenfalls Energie zukommen zu lassen. Erlaubt, dass sich die Pyramide für dieses Energiewesen öffnet und dieses in die Pyramide, die für euch Schutz und Vertrauen bewirkt, eintreten darf.

Das Energiewesen geht zu eurem Herzchakra, das Zentrum eurer Seele, das sich in eurem Herzbereich manifestiert hat. Lasst diese Energie in euer Herzchakra, zu eurer Seele fließen. Spürt die Freude eurer Seele. Spürt, wie eure Seele sich wieder entfalten kann, wie sie in ihre Kraft kommt. Spürt, wie sie ins Strahlen kommt, das ein wenig nachgelassen hatte. Spürt, wie Leichtigkeit in euren Körper strahlt. Spürt, wie ihr Licht seid. Ihr seid Licht. Und erkennt den Raum eurer Seele, der sich ganz öffnet und euch Eintritt gewährt.

Tretet mit dieser Energieform in eure Seele. Seht, wie ihr umgeben seid von einem kleinen, hellen Licht. Dieses Licht ist eure Seele. Es ist das Strahlen eurer Seele. Es ist euch erlaubt, euch jetzt mit eurer Seele zu verbinden und sie bei euch wirken zu lassen. So ist eure Seele nun mit euch in eine Bewusstseinsebene hineingekommen, die es euch in Zukunft erlaubt, bewusster mit ihr in Kontakt zu treten, bewusster mit ihr in die Vereinigung zu gehen und dann euer Strahlen zu aktivieren, um in die Liebe und die Harmonie zu kommen.

Nun lasst zu, dass eure Seele mit euch nach außen strahlt und immer kraftvoller und stärker wird. Die Pyramide dehnt sich mit euch aus. Erkennt, wie strahlend ihr sein könnt. Fühlt das Licht eurer Seele. Ihr seid, ihr seid. Und ich schicke meine Amadeii-Energie von oben in die Pyramide in euren Körper und lasse euer Strahlen sich mit meiner Energiekraft vereinen, damit ihr in Zukunft in dieser Kraft, in dieser Stärke wirken könnt. So wird euer zukünftiger Weg für euch sein. Ihr kommt in die Veränderung. Und noch einmal schicke ich meine Amadeii-Energie über eure Pyramide in euren Körper, um zu transformieren, was transformiert werden darf, damit ihr entlastet werdet und in die Leichtigkeit kommt.

Eure Seele begibt sich wieder in euren Herzbereich und verabschiedet sich voller Dankbarkeit von diesem Energiewesen, voller Freude, dass dieses heute mit ihr in Kontakt treten durfte, und somit auch mit euch. Das Energiewesen fliegt wieder aus der Pyramide hinaus und schwebt hoch in die Geistige Welt.

Die Pyramide verabschiedet sich nun auch von euch und begibt sich von unten nach oben aus eurem körperlichen Schutzbereich. Sie schwebt hoch ins Universum. Und während ihr wieder ganz allein hier im Raum seid, fließt noch einmal meine Amadeii-Energie über euren Kopf in euren Körper und wirkt noch einmal für euch in den Bereichen, in denen Veränderung und Transformation stattfinden durften.

Ich danke euch, ihr Menschenkinder, dass ich hier für euch wirken durfte. Ich danke euch und möchte euch bitten, wieder tief ein und auszuatmen, damit ihr wieder ganz im Hier und Jetzt ankommt, in der Veränderung euer Zellen, damit ihr zukünftig hier in diesem Leben ein Licht in euch leben und euer Leben leichter leben könnt. In Liebe und in Strahlung und im Vertrauen mit euch und dem Einen.

Atmet noch einmal tief ein und aus. Und in diesem bewussten Ein- und Ausatmen verabschiede ich mich bei euch mit meinem Gruß

Halleluja.

Amadeii

Nachwort von Amadeii

Wacht auf!
Erkennt die Zeit!
Geht in die Wandlung!
Bis ihr seid – die Zukunft!

Dieser Aufruf, den ich schon 2009 zu euch geschickt habe, ist so aktuell und wirksam in seinem Sein, dass ich ihn hier für euch noch einmal so deutlich wiederholen möchte. Ohne ein Erwachen von euch ist der notwendige und bewusste Seelenfrieden für den Lichtkörperprozess nicht möglich.

Seelenfrieden ist das höchste Gut, das ihr in der derzeitigen Welle der Veränderung zu finden und zu gehen habt, um den Lichtkörperprozess bei euch zu aktivieren. Diese Aufgabe steht derzeit im Vordergrund, um euch für die Neue Zeit und den zukünftigen weiteren Aufstieg zu qualifizieren. Reichhaltig sind eure Prozesse der Entwicklungen und des lichtvollen Erkennens, doch wir alle in der Geistigen Welt sind zuversichtlich, dass ihr den Weg zu den lohnenden Zeiten finden und gehen werdet.

Seid wachsam in eurer derzeitigen Gegenwart. Erkennt alle Hürden und Schwankungen, die euch bewusst weg von eurem Weg ins Licht führen möchten, die euch zurückwerfen sollen in die Schwingungen der Dritten Dimension. Erkennt sie und versucht, sie in einem Prozess des inneren Friedens zu verabschieden. Es lohnt sich. Euer Preis des erneuten Aufstiegs ist das Höchste, was ihr euch verdienen könnt. Geht es an. Ihr seid in der Lage, alle Hürden zu meistern, die für die nächste Dimension notwendig sind, um euch in Lichtgestalten zu wandeln. Geht in den Prozess, euren Lichtkörper so in die Schwingung zu bringen, damit ihr bis weit ins Universum strahlt. Traut euch, die Veränderung in eurem Lichtkörper einzuleiten. Traut euch. Ihr seid es wert.

Wacht, erkennt, geht und seid. Das ist mein Ruf an euch.

Amadeii

Über die Autorin

 **Ingeburg Maria Schmitz** wurde 1957 in Bonn geboren. Nach Abitur, Studium und langjährigem Wirken in kaufmännischen Bereichen kam sie durch eine persönliche Krise mit der Reiki-Energie in Kontakt, erst als Empfängerin, dann als Auszubildende und später als Praktizierende. Seit 1999 ist sie als spirituelle Heilerin und Lehrerin tätig, und die Energiearbeit gehört zu ihrem täglichen Dasein.

Seit 2003 arbeitet sie als Heilpraktikerin für Mensch und Tier.

Seit 2004 ist sie in Kontakt mit den Erzengeln Metatron, Raphael und Uriel sowie der Aufgestiegenen Meisterin Lady Rowena, die ihr Handeln und ihre persönliche Weiterentwicklung hilfreich begleiten. Viele Behandlungsmöglichkeiten wurden ihr von diesen Energien als Wissen zur Verfügung gestellt.

Seit 2009 erhält sie Botschaften von Amadeii, mit dem Auftrag, diese den Menschen zukommen zu lassen.

Als Kanal erfuhr sie eine Vielzahl von Wahrheiten, die für ihr irdisches Dasein oft schwer erfassbar waren. Doch heute lebt sie in Demut mit ihrem Wissen.

www.amadeii.de
info@amadeii.de

Ingeburg Maria Schmitz
Amadeii — Die neue Zeit
220 Seiten, Taschenbuch, broschiert
ISBN 978-3-844853391
(Book on Demand)

Amadeii, eine hohe Energieform aus einem anderen Universum, die bisher nicht für uns erreichbar war, hat sich seit 2009 in die Verantwortung für unser ganzes Universum und insbesondere für die Erde gestellt. Liebevoll begleitet und betreut Amadeii seitdem die Geschicke rund um die Veränderung und den Aufstieg von Mutter Erde und all seiner Lebewesen.

In diesem Buch schreibt Ingeburg Maria alle Informationen nieder, die sie bisher von Amadeii erhalten hat. In einem regen Austausch beantwortet Amadeii ihr viele Fragen, die mit der derzeitigen Situation der Erde, der Menschen, der Tiere und der Natur entstehen. Auch werden Themen wie Familie, Schulsystem, Krankheiten, Gesellschaftsformen, Geld und Eigentum angesprochen. Es werden Details aufgezeigt, die für unseren Aufstieg noch verändert werden müssen, und anhand von Beispielen deutlich gemacht, wie sie in der 5. Dimension aufgelöst und gelebt werden.

Ingeburg Maria Schmitz
Amadeii – Bewusstseinsentwicklung in der Neuen Zeit
Durchsagen, Übungen, Meditationen
224 Seiten, A5, broschiert
ISBN 978-3-95531-123-0

Mit wichtigen Durchsagen zu den Themen Sterbehilfe, Organtransplantation und Heilmethoden und ihre Anwendung in der Zukunft.

Amadeii, Erzengel der Neuen Zeit, hilft uns, fremdbestimmende Energien zu erkennen und aufzulösen und nimmt Stellung zum energetischen Aufbau unseres Universums und seinen Einfluss auf unser Denken und Handeln in der heutigen Zeit sowie in der Zukunft.

Er erklärt verständlich die Energieanpassung und Krankheitssymptome in der neuen Dimension sowie Heilmethoden der Zukunft und ihre Umsetzung.

Zum ersten Mal nimmt die Geistige Welt Stellung zu den Themen Sterbehilfe, Organtransplantation und die Fremdbeeinflussung durch das gespendete Organ beim Spender und beim Empfänger.

Sarinah Aurelia
Seelenverträge Band 11 — Der Weg aus der Krise
328 Seiten, A5, broschiert
ISBN 978-3-95531-142-1

Warum wartet ihr auf die Liebe?
Schaut nach vorn und geht endlich los!

Die Seelenverträge sind nicht nur Bücher, sondern Fenster zur Geistigen Welt – um die zusammenzuführen, die von jeher zusammengehören.

Band 11 ist ein Sinnbild für diese intensive Zeit. Es gibt Hoffnung, heilt Ängste und öffnet Wege, um aus der persönlichen Krise gestärkt und klar herauszugehen.

Die geistigen Mentoren nehmen Stellung zu brandaktuellen Themen und beleuchten diese. Eine gute Möglichkeit, um Antworten zu finden, Zuversicht, Hilfe, Heilung und, vor allem, um wieder zurückzufinden in das wunderschöne, heilende Energiefeld der unendlichen Liebe.

Beim Lesen öffnet sich ein himmlischer Raum, eine Oase der Ruhe, der Liebe, der Heilung, und jeder Leser erhält sein persönliches Energiegeschenk.

Zora Gienger
Engelseelen – Wegbereiter und Toröffner
232 Seiten, A5, broschiert
ISBN 978-3-95531-143-8

Dieses Buch beschreibt das Leben und Wirken von Engelseelen auf der Erde, von ihren Besonderheiten und ihrem Wesen. Es ermöglicht allen Engelseelen, sich als solche zu erkennen und ihre Lebensaufgaben als Mensch mit einem besseren Selbstverständnis und mehr Wohlbefinden zu meistern.

Doch wer sind diese Engelseelen?

Engelseelen sind Engel in Menschengestalt, die auf der Erde inkarnieren, um hier – gemäß ihrem Seelenauftrag – engelgleiche Aufgaben zu übernehmen. Sie passen sich komplett den Gepflogenheiten unseres Planeten an und erfüllen ihre Aufgaben so gut sie können.

Das Wissen über die Engelseelen wird ergänzt durch Meditationen, Übungen, poetische Texte und Gebete.